Cross Border
海外M&Aの実務

Asia Business Creation Pte Ltd
安井　健〔著〕

中央経済社

M&Aブックレットシリーズについて

　私は約30年間M&Aの世界に身を置いている。

　この間、国内外のさまざまな企業による多くの実例が積み上がり、今では連日のようにM&Aに関連する報道が飛び交っている。一方で、「M&Aってどんなこと？」と敷居の高さを感じる方も多いのではないだろうか。

　本シリーズはこの現状に一石を投じ、学生や新社会人からM&A業務の担当者、さらにアドバイスする側の専門家など、M&Aに関心のあるすべての方々にご活用いただくことを念頭に、「M&Aの民主化」を試みるものである。

　本シリーズの特徴は、第一に、読者が最も関心のある事項に取り組みやすいよう各巻を100ページ前後の分量に「小分け」にして、M&A全般を網羅している。第二に、理解度や経験値に応じて活用できるよう、概論・初級・中級・上級というレベル分けを施した。第三に、多岐にわたるM&Aのトピックを、プロセスの段階や深度、また対象国別など、テーマごとに1冊で完結させた。そして、この"レベル感"と"テーマ"をそれぞれ縦軸と横軸として、必要なテーマに簡単にたどり着けるよう工夫をこらしてある。

　本シリーズには、足掛け5年という構想と企画の時間を費やした。発刊に漕ぎ着けたのは、ひとえに事務局メンバーの岩崎敦さん、平井涼真さん、堀江大介さんのご尽力あってこそである。加えて、構想段階から"同志"としてお付き合いいただいた中央経済社の杉原茂樹さんと和田豊さんには、厚く御礼申し上げる。

　本シリーズがM&Aに取り組むさまざまな方々のお手元に届き、その課題解決の一助になることを願ってやまない。

シリーズ監修者　福谷尚久

はじめに

　本書は、シンガポールでM&A実務に携わる方を読者として想定している。例えば、日本から出張ベースで新規案件を探している、駐在でシンガポールの買収先に来た、社内でM&A担当部署に異動した、転職を機にシンガポールや東南アジアで案件発掘・執行を行う、などの方々だ。

　筆者は2015年に東京からシンガポールに移住し、M&Aや資金調達のアドバイザーとして、さまざまな案件に取り組み、日本企業のM&Aや事業開発担当者と接してきた。そのような経験に基づき、シンガポールのM&Aで理解すべき市場動向、市場の特徴も意識しつつ本書を執筆した。本書で「シンガポールM&Aの勘どころ」を押さえ、実務に役立てていただきたい。

＊　　　＊　　　＊

　「日本企業によるシンガポールでのM&Aはどうすれば増えるのだろうか」、これは筆者が一貫して取り組んできたテーマである。M&Aアドバイザーとして M&A案件を増やして自社の売上を増やしたいという現実的な問題もあるが、日本企業によるシンガポール・東南アジア市場への関心を高めることや、シンガポール参入にあたってのM&Aという手段の定着化を目指して取り組んできた。M&Aの成否については、成功の定義や評価の時間軸などの議論が可能だが、投資手段の1つとしてのM&Aの有用性については議論の余地がないだろう。M&Aによる失敗を最小限におさえ、長期的にプラスになる投資・M&Aの実行をサポートするのが私たちM&Aアドバイザーの役割だと思っている。

　M&Aにおいては、財務・税務や、法務、人事、ITなどの専門的側面のほか、対象企業マネジメントとの信頼関係や従業員の感情、取引先との関係など、情緒的な人的関係も重要である。前者の専門的側面は、シンガポールの法律・ルールを熟知した専門家に依頼するが、勘どころを知っているアドバイザーがいれば、案件をスムーズに進められる。また、情緒的な人的関係は、言語やシンガポールの文脈も踏まえた信頼関係構築が必要になる。これら勘どころを押さえつつ、情緒面でもクライアントと対象企業の信頼関係構築をサポートできるのが、日本企業にとっての「良いM&Aアドバイザー」であると思う。本書では、「良いM&Aアドバイザー」を目指して取り組んできた経験から、専門的側面に加え、シンガ

3

ポールの文脈でも実務に役立つ内容となるよう努めた。筆者も、「良いM&Aアドバイザー」に向けて日々奮闘している最中であるが、自らを振り返りつつ、こうなりたいという思いも込めながら執筆した。

　後半の第3章、第4章では、シンガポールのM&A市場について政策や統計も交えながら記述している。対象企業固有の状況のみでなく、企業が置かれている市場動向やそのトレンドも理解することで、案件発掘や、買収後の事業運営に参考になると考えた。特にシンガポールは国際金融センターとして企業や人材を積極的に招き入れている国であり、政策に機動性があるため、政策が経済に与える影響が大きく、かつ速い。これらトレンドを理解しておくことで、シンガポールでの事業運営の参考にしていただければ幸甚である。

目次

はじめに　3

第1章　日本とシンガポール間のM&A

1　日本企業によるシンガポール企業買収のトレンド ⋯⋯⋯⋯⋯⋯ 10
　　①特徴1：中規模案件が多い　11
　　②特徴2：上場企業を買収対象とした案件が多い　12
　　③特徴3：リージョナルなフットプリント獲得　12
2　日本企業によるM&A・投資のケーススタディ ⋯⋯⋯⋯⋯⋯⋯ 13
　　（1）ケーススタディ1：日本ペイントの事例 ⋯⋯⋯⋯⋯⋯⋯⋯ 13
　　（2）ケーススタディ2：日本企業によるスタートアップ投資 ⋯⋯ 14
　　（3）ケーススタディ3：日本企業による30 by 30に関連した投資 ⋯ 15
3　シンガポール企業による日本向け投資 ⋯⋯⋯⋯⋯⋯⋯⋯⋯ 16
4　日本企業が直面する投資・M&Aの課題 ⋯⋯⋯⋯⋯⋯⋯⋯ 17
　　（1）マイノリティ出資 ⋯⋯⋯⋯⋯⋯⋯⋯⋯⋯⋯⋯⋯⋯⋯⋯ 17
　　（2）シナジーへのこだわり ⋯⋯⋯⋯⋯⋯⋯⋯⋯⋯⋯⋯⋯⋯ 18
　　（3）買収後の経営体制 ⋯⋯⋯⋯⋯⋯⋯⋯⋯⋯⋯⋯⋯⋯⋯⋯ 18
　　Column 2023年9月からシンガポールが新たに導入したCompass
　　　　　制度について＜One Asia Lawyers 栗田弁護士へのインタ
　　　　　ビュー＞　20

第2章　シンガポールのM&A実務

1　案件発掘（ソーシング） ⋯⋯⋯⋯⋯⋯⋯⋯⋯⋯⋯⋯⋯⋯⋯ 24
　　（1）フィナンシャルアドバイザー（FA）からの紹介案件 ⋯⋯⋯ 25
　　（2）リサーチに基づいてドアノックしてM&A案件化 ⋯⋯⋯⋯ 25
　　（3）事業上のお付き合いがある先を買収 ⋯⋯⋯⋯⋯⋯⋯⋯⋯ 26
2　NDA締結・情報入手 ⋯⋯⋯⋯⋯⋯⋯⋯⋯⋯⋯⋯⋯⋯⋯⋯ 27
3　情報レビュー・初期交渉 ⋯⋯⋯⋯⋯⋯⋯⋯⋯⋯⋯⋯⋯⋯ 27
　　（1）バリュエーション実務 ⋯⋯⋯⋯⋯⋯⋯⋯⋯⋯⋯⋯⋯⋯ 27
　　Column シンガポールにおける契約書の紛争解決手段について　28
　　（2）初期的交渉 ⋯⋯⋯⋯⋯⋯⋯⋯⋯⋯⋯⋯⋯⋯⋯⋯⋯⋯ 30

（3） ストラクチャリング ……………………………………………… 31

（4） 買収後の経営体制の検討 ……………………………………… 31

Column 富裕層・ファミリーオフィスを惹きつけるシンガポールの
税制　32

（5） バイサイドアドバイザー（FA）の起用 ………………………… 34

4　基本合意締結 ……………………………………………………………… 34

5　デューデリジェンス（DD） ……………………………………………… 35

6　契約交渉・サイニング …………………………………………………… 36

7　クロージング ……………………………………………………………… 37

8　M&A後の統合（PMI） ………………………………………………… 38

第3章　シンガポールM&Aマーケット概観

1　活発なシンガポールM&Aマーケット ……………………………… 42

2　シンガポール国内M&A案件（In-In） ……………………………… 44

①特徴1：テマセク関連の案件が多い　44

②特徴2：小売り・不動産関連案件が多い　45

③特徴3：国内の再編案件が多い　45

3　シンガポール企業による海外企業買収（In-Out） ……………… 45

①特徴1：テマセク関連企業による買収が多い　47

②特徴2：スタートアップ関連　48

③特徴3：GICによる大型海外買収への参画（参考）　49

4　海外企業によるシンガポール企業買収（Out-In） ……………… 50

①特徴1：テマセク、GICが売り手になるケース　52

②特徴2：東南アジア周辺国の大企業による買収　52

第4章　シンガポールM&A市場が活発な理由

1　シンガポールM&A市場が活発な3つの理由 …………………… 54

①理由1：経済発展を背景にしたM&Aの増加　54

②理由2：シンガポール政府の各種施策によるM&Aへの影響　54

③理由3：アクティブな投資家・M&A関連プレイヤー　54

2 経済発展を背景にしたM&Aの増加 ………………………………… 54

　　①1985年：米ドルの高騰や石油価格の下落　55

　　②1997年から2003年：アジア通貨危機とITバブル崩壊　56

　　③SARS（重症急性呼吸器症候群）の影響　56

　　④2008年から2009年：リーマンブラザーズの破綻　56

　　⑤2020年：新型コロナ（COVID-19）　56

3 シンガポール政府の各種施策によるM&Aへの影響 ……………… 57

　（1）アジアの金融センターとしてのシンガポール ………………… 57

　（2）M&Aに関連する税制 …………………………………………… 57

　（3）外資にオープンなビジネス環境 ……………………………… 58

　（4）政治の安定性 …………………………………………………… 59

4 アクティブな投資家・M&Aに関連するプレイヤー ……………… 60

　　①テマセクホールディングス　60

　　②GIC（シンガポール政府投資公社）　61

　　③パビリオンキャピタル　61

　　④EDBI　62

　　⑤Vertex Holdings　62

　　⑥Enterprise Singapore　62

おわりに　63

第 1 章

日本とシンガポール間のM&A

1 日本企業によるシンガポール企業買収のトレンド

シンガポールにおけるM&A市場を理解するため、まず日本企業によるM&Aを見てみる。**図表1-1**は2000年以降の日本企業によるシンガポール企業買収件数の推移である。過去10年では年間10〜20件程度起きている。なお、このM&A案件数はマイノリティ取得の案件も含む。

件数としては、コロナ前の2019年が21件と過去最大であった。その後3年間はコロナの影響で減ってはいるものの、リーマンショック時などと比べてその落ち込みは大きくない。今後も安定して日本・シンガポール間のM&Aが継続すると考えられる。

図表1-1：日本企業によるシンガポール企業買収

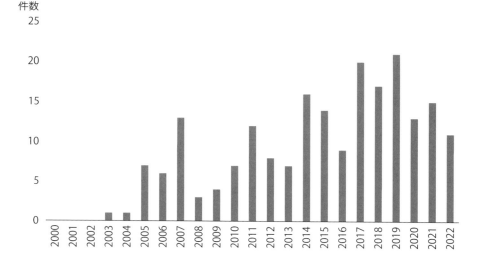

図表1-2は過去20年間の日本・シンガポール間の主要M&A案件一覧である。シンガポール案件の特徴を見るため、買収対象企業がシンガポール法人であっても、その事業がシンガポール外であるケースは除いている。具体的には2007年の三菱商事によるインドネシア・メドコエナジーの19.97％買収、JERAによるバングラデシュ・サミットパワーの22％買収などである。これらの対象企業は、

親会社による事業管理や税制上の理由でシンガポールに法人を置いており、そのシンガポール法人が買収対象になっているが、実際の事業はシンガポールではないため除外している。

図表1-2：日本・シンガポール間の主要M&A案件

#	公表日	対象企業	買い手企業	取引金額 (USD MM)	詳細
1	2007/6/15	Singapore Exchange Limited	東京証券取引所（現日本取引所グループ）	305	シンガポール証券取引所の4.95%を取得（2018年以降売却）
2	2008/6/10	SNP Corporation Pte. Ltd.	凸版印刷	270	シンガポール、中国で印刷事業を行うSNPを公開買い付けで買収。売り手はテマセク
3	2010/7/26	Fraser and Neave, Limited	キリンホールディングス	988.57	飲料・不動産大手のF&Nの約15%を公開買い付けで買収（2013年に売却）
4	2011/7/13	Portek International Pte Ltd	三井物産	177	港湾ターミナル運営のPortekを公開買い付けで買収
5	2012/10/12	Dynea Chemicalsのアジア太平洋部門子会社	アイカ工業	176	フィンランドの接着剤メーカーDynea Chemicalsのアジア太平洋部門の買収
6	2015/2/17	APL Logistics Ltd	近鉄エクスプレス	1,200.00	NOLの子会社でロジスティクス事業を行うAPLの買収
7	2017/8/23	First Capital Insurance Limited	三井住友海上火災保険	1,683.30	シンガポール最大の損害保険会社の買収
8	2019/1/18	COURTS Asia Limited	ノジマ	205	シンガポールの家電・家具小売り大手のCourtsを公開買い付けで買収
9	2020/8/21	11社の株式取得	日本ペイントホールディングス	14,645.63	シンガポールのウットラムが引き受けた日本ペイントの増資資金を元手に、ウットラムとの合弁事業11社を買収
10	2020/9/14	Singapore Life Pte. Ltd.	住友生命	239	生命保険会社のSinglifeに追加出資

①特徴1：中規模案件が多い

過去20年で規模が大きいトップ10案件において、10億米ドルを超えるメガディールはわずか3件となっている。これは日本とシンガポール以外の他の東南アジアの国との間のM&A案件でも同じ傾向である。インドネシアはその経済規模から東南アジアの中ではメガディールが比較的多いが、それでも欧米に比べる

とかなり少ない。また、東南アジアにおいては図表１‐２の三井住友海上の案件のように、メガディールのほとんどが金融機関による投資である。

②特徴２：上場企業を買収対象とした案件が多い

次の特徴として、買収対象企業が上場企業であるケースが多いことである。図表１‐２においても、#2、#3、#4、#8はシンガポール証券取引所上場企業に対して公開買い付けをして買収しているケースである。また、ランキング外ではあるが、ミライトホールディングスによるLantrovision社の買収（2016年）、協和エクシオによるDeCloutの買収（2019年）なども、日本企業によるシンガポール上場企業の買収である。

上場企業買収案件がこれだけ多いのは、インサイダー規制なども含めた買収のための法制度が整備されていることの裏返しといえる。シンガポールにおいては、テイクオーバーコードと呼ばれる上場企業の買収において適用されるルールが存在し、公開買い付けの種類やスケジュール、関連する各種手続などが厳密に整備されている。また、会社法でスキームオブアレンジメントという制度も存在し、対象企業自身が手続を主導する形で、株主総会を経て裁判所の認可を得て100％化できる手法であり、日本企業が買収に利用した実績もある。

日本企業による上場企業買収実績が豊富にあるため、日本の事業会社や、それら事業会社にアドバイスを提供する日系M&Aアドバイザーにおいても、経験値が蓄積されている。

③特徴３：リージョナルなフットプリント獲得

シンガポール企業を買収することのメリットとして、リージョナルに展開しているフットプリントを一気に獲得できる点がある。人口540万人のシンガポール市場だけでなく、周辺国やインド、中国でのフットプリントを獲得できることは、シンガポール企業買収の魅力である。例えば図表１‐２記載のノジマが買収したCourtsは、シンガポール上場（当時）の家電量販店であるが、シンガポールだけでなく、マレーシア、インドネシアでも事業展開している。

なお、M&A案件の実行においては、複数国での外資規制の順守状況やライセンス体制など、デューデリジェンスで確認するポイントが増え、ディールとしての複雑性が増す点は留意が必要である。

2 日本企業によるM&A・投資のケーススタディ

（1）ケーススタディ１：日本ペイントの事例

　日本企業による歴代M&A案件で金額ランキングトップに出てくる、2021年の日本ペイントの事例を紹介する。これはシンプルなM&A案件にとどまらない壮大な企業提携案件となっている事例であり、M&Aで起きるさまざまな要素が盛り込まれているため、勉強するにはぴったりの事例である（**図表１-３**参照）。

図表１-３：日本ペイントによるM&Aの経緯

1962年	日本ペイントとシンガポールで投資業を営むウットラム（Wuthelam）グループが、パン・マレーシア・ペイント・インダストリー社というJVを40：60（日本ペイントが40）で設立
1960年代	同JVを起点にマレーシア、タイ、インドネシアに進出
1965年	シンガポールでペイント生産開始
1970年代	香港、フィリピンに進出
1990年代	中国、ベトナム、韓国に進出
2000年代	台湾、インド、パキスタンに進出
2010年代	バングラデシュ、スリランカ、UAE、ミャンマー、トルコ、エジプトに進出
2014年	アジア合弁事業（合弁会社８社およびそれらの子会社38社）を日本ペイントが連結子会社化（日本ペイントHDが51%）
2021年	アジア合弁事業を日本ペイントHDが100%子会社化

　日本ペイントとウットラムグループの取引は、1955年代にウットラムグループ創業者のゴー氏が日本ペイントの代理店業務を開始したことに端を発する。その後、1962年に両社で合弁会社（JV）を設立しているが、1962年といえばシンガポールがマレーシア連邦から独立して建国された1965年より前であり、JVの企業名もマレーシアという当時の国名を名前に冠しており、その歴史の長さには驚かされる。以降シンガポールを拠点にアジアを中心に22ヵ国に進出しているのは、JV設立以降であるとはいえ、先述のとおりシンガポール企業が得意なリージョナル展開を高次元のスケールで実現している。また、現地代理店との商業的取引を経て関係構築したうえで、JV設立や買収に至るというのもM&Aのきっかけとしては一般的であり、本ケースも「普通」の始まり方をしたパートナーシッ

プである。しかし、M&Aのきっかけや単発の取引よりも、以降の事業拡大のエクセキューション（実行力）がパートナーシップの成功において重要であることを時間をかけて証明している事例といえる。日本ペイントHDのホームページによると、2023年時点でウットラムとのパートナーシップの事業で22ヵ国・地域、塗料工場95ヵ所、3,566億円の売上収益、550億円の営業利益に達するとのことである。

2021年には日本ペイントHDがアジアの合弁事業とウットラムのインドネシア事業の100％を約1兆2,800億円で子会社化しているが、同時に、ウットラムが日本ペイントHDの新株発行1兆3,000億円分を引き受ける取引となっている。つまり、日本ペイントはウットラムから調達した資金でウットラムとの合弁事業を子会社化したのである。これは、客観的に見るとウットラムによる日本ペイントの買収であるが、日本ペイントの関係者によるインタビュー記事などを見ると、必ずしも単純な取引ではないとの説明である。両社の60年超にわたるパートナーシップを考えると、第三者にはうかがい知れない背景があるのかもしれない。

（2）ケーススタディ２：日本企業によるスタートアップ投資

純粋なM&Aではないが、最近日本企業によるシンガポールのスタートアップへの投資が増えているのは、読者もメディアで目にされているだろう。

近年、東南アジアでは次々に新しいスタートアップが生まれている。すでに上場しているシンガポールのグラブやインドネシアのゴジェック（Eコマースのトコペディアと統合）は米国ウーバーのようなライドシェアとして創業し、その後多様なサービスを追加することでスーパーアプリと呼ばれる業態になった。これらライドシェア、Eコマースなどの業界ではすでに大手プレイヤーに絞られているが、他にもフィンテックやIoT、SaaS、クリーンテック、ヘルスケア、エドテックなど、さまざまな業界で新たなスタートアップが生まれている。東南アジアの中でもスタートアップが多いのがシンガポールとインドネシアであるが、シンガポール国内でビジネスを行う企業のみならず、税制面や法制面で投資家からの要望を受けシンガポールに本社を置いているスタートアップが非常に多い。

日本の事業会社が、ある程度成長したステージのスタートアップに対して出資するケースが増えている。事業会社の場合は金銭的なリターンだけを求めるわけではないため、出資しつつビジネス上の協業を模索する。具体的には、新たな事

業の共同開発、日本企業が有する顧客基盤へのアプローチ、日本への事業展開支援などである。

　興味深い事例として、シンガポール本社のUnaBiz社への投資事例がある。2016年に設立されたUnaBiz社は、IoT機器を使ったスマートソリューションサービスをグローバルに提供している。電力、ガス、水道などのスマートメーターを使ったデジタル化において、UnaBiz社はセンサーの設計、製造、その管理のためのクラウドプラットフォームなどを一貫して提供している。Less is More（少なく大きく）というUnaBiz社のビジョンに沿って、必要なテクノロジーをシンプルに提供することを目指しており、他社と比べて競争力のあるデバイス価格で、Sigfoxという消費電力を抑えた通信規格を使い、低コストの大規模IoTを実現している。スマートメーターの他にもセンサーを使った各種資産管理、ビル管理やトイレ管理などのソリューションも提供している。

　UnaBiz社はスタートアップとして、外部の金融投資家から資金調達をしている。シリーズAではKDDIとソラコムが立ち上げた投資プログラムであるSORACOM IoT Fund Programから、シリーズBではスパークス・グループ株式会社が運用する未来創生ファンドからそれぞれ資金調達をしている。ビジネスにおいても日本とのつながりが深く、日本瓦斯向けに日本で85万台のスマートガスメーターリーダーを導入している。

（3）ケーススタディ３：日本企業による30 by 30に関連した投資

　シンガポール政府は食料の国内生産に積極的に取り組んでおり、2019年に30 by 30という2030年までに食糧自給率を30％まで上昇させるイニシアチブをローンチした。現在の10％未満の食糧自給率に対し30％は野心的な目標であるが、シンガポール政府らしくトップダウンでこの分野に取り組んでおり、6,000万シンガポールドル（以下、Sドル）の農業・水産業食糧セクター変革のためのファンドを設立している。農業・水産業の中でも環境負荷が比較的小さく、サステナブルに規模拡大しやすい分野として鶏卵、養殖魚、葉物野菜に注目している。葉物野菜はバーティカルファーミングと呼ばれる、室内でLEDライトで育てる工場や、養殖魚も室内の循環型養殖装置で育てることで、高効率な農業・水産業を行っている。

　シンガポール政府の30 by 30分野への取組みを象徴するような投資事例があ

15

るので紹介する。シンガポールのベンチャーキャピタル（VC）であるバーテックスホールディングスは、日本最大の鶏卵生産事業者であるイセ食品の創業者が保有するシンガポール法人イセフーズホールディングスに2022年10月に投資し、シンガポール国内事業をサポートしている。バーテックスはシンガポール政府の投資会社であるテマセクホールディングス傘下のVCであり、シンガポール政府と関係性が深い。バーテックスのこれまでの投資先は、ライドシェア大手のグラブなどのテクノロジー企業であり、このような食品製造業への投資は珍しく、注目を集めた。

イセフーズはシンガポール食品庁とMOUを締結し、国内に10ヘクタールの工場を設立、2024年から鶏卵の国内生産を開始し、今後年間360万個の鶏卵と500万羽のヒヨコを生産する予定である。これはシンガポール国内の鶏卵自給率を30％から50％に20ポイント底上げする規模である。なお、日本のイセ食品は経営難により会社更生手続を経ており、2022年11月に金融スポンサーを選定して再生プロセスに入っている。

3 シンガポール企業による日本向け投資

一方、これまで主に日本の不動産向けの投資を行ってきたシンガポール企業の動きは、勢いが増している。

不動産開発のキャピタランド社は日本で物流施設やショッピングモールを買収し、医療グループのパークウェイグループは介護施設を買収している。シンガポールの政府系ファンドであるGICは、2023年に大手企業および公共・公益法人向けHRソフトウェアを手がけるワークスヒューマンインテリジェンス社のベインキャピタルによる買収に参加している。これまでGICの日本向け投資は西武ホールディングスからの苗場プリンススキー場の買収に代表される不動産投資が多かったが、最近は事業会社の買収にも目が向いている。

テマセク傘下のパビリオンキャピタルというVCは約1,000億円の日本向けファンドを立ち上げ、日本のスタートアップ投資を積極化している。前述のバーテックスも日本のAI（人工知能）スタートアップに投資するなど、日本企業への関心が高まっている。今後も円安、シンガポールドル高の流れもあり、シンガポール企業による日本向け投資が加速するだろう。

4 日本企業が直面する投資・M&Aの課題

　これまでシンガポールや東南アジアで見てきた日本企業による買収事例を参考に、日本企業によるM&Aの特徴と、それによって生じうる課題について論じる。

（1）マイノリティ出資

　1つ目の特徴はマイノリティ出資が多い点である。最終的な目標がマイノリティでない場合も、マイノリティ出資参画し、徐々に持ち分を増やすケースが多く見られる。一部、マイノリティ出資が最終的な目標のケースもある。マイノリティ出資の場合、マジョリティ株主が別に存在し、その株主がより大きな責任をもって事業に当たることが多い。マイノリティ出資でも対象会社が有する従来事業からの果実を部分的に得ることができるし、対象企業のリソースと自社のリソースをかけ合わせた事業拡大や顧客開拓、シナジー創出に取り組むことができ、手頃な関与といったところであろう。スタートアップ向け投資は基本的にこの類型となる。

　このようなマイノリティ出資においては、時間の経過とともに、日本企業側の関与度合いが薄まりやすい点が注意点である。出資当初は双方リソースを割いて協業に取り組むが、時間とともに双方の会社が目指す方向性が変わったり、出資先に派遣されていた担当者が異動するなど、人的な問題がきっかけになるケースもある。

　スタートアップ向けのマイノリティ出資においては、ある程度成長して企業規模やビジネスモデルが安定した企業との協業が望ましい。あまりにも初期の企業に投資すると、ビジネス上の協業を実現する前にビジネスモデルをピボットしたり、協業に割くリソースの余裕がない可能性もある。

　そもそも、マイノリティ出資でも人を派遣して経営に関与すべきであり、その企業とのシナジー創出に責任をもつ人を置くべきである。従来の日本的な株式持合いイメージで、少額のエクイティ出資をするだけで、ビジネス関係が構築され、取引が増えることはないと自覚すべきである。

（2）シナジーへのこだわり

　買収前にシナジー検討を行うが、シナジーにこだわりすぎるがあまり、買収に踏み出せない事例が起こる。シナジーは重要であるが、こだわりすぎもよくないと考える。アドバイザーという立場に起因する意見かもしれないが、日本企業のM&A担当者は、自社の視点を軸に対象企業を見すぎているのではないか。自社の視点から分析すると、自社にとってのシナジーの有無・多寡が問題になる。しかし、買収後はその対象企業も自社の一部になるため、その企業の視点から、買い手企業のリソースを活用して創出できるビジネスや地理的拡大も考慮すべきではないか。例えば、シンガポール企業買収により、東南アジア隣国での展開可能性は、買い手企業の視点では定量化が難しいシナジーだが、デューデリジェンスを通じて対象企業のキー人材の資質を見極めることで、その実現性を検討することは可能である。自社の視点からのシナジーだけでなく、対象企業に軸足を置いたシナジーを考えることで、違う世界が見えてくる。

（3）買収後の経営体制

　M&Aの買収後の経営方針においても、日本企業の行動様式が現れることが多い。ほとんどのケースでは、日本の買い手は対象企業の従業員の雇用を維持する。次に、買収後の経営体制において、対象企業の経営陣を残して継続してもらうアプローチをとることが多い。これはシンガポールに限らず、クロスボーダーM&A全般における日本企業の行動様式といえる（オーナーが高齢などの理由による事業承継の場合は除く）。欧米企業が買い手の場合、マジョリティ買収後は現経営陣を入れ替えることが多い。これは、現経営陣より自分たちが経営したほうが事業が成長するとのスタンスである。

　対象企業の経営陣を残す理由の1つ目は、「現地で経営できる人材が社内にいない」ことである。対象企業のトップとして現地の従業員をまとめつつ、日本本社とのやりとりをリードすることは相応のマネジメント経験と言語能力が求められるが、そのような海外マネジメント経験を積んだ人材は多くないというのが、日本企業の実情であろう。また、社内にそのような人材がいたとしても、シンガポール子会社のマネジメントだけを担当させるわけにはいかず、複数の子会社や、海外事業全般をマネジメントしている状況もある。グローバル人材が足りないことも真実であろうが、ポジションが人を育てることもあるので、日本企業はより

寛大に長い目をもちながら若い人材にチャレンジをさせて、海外マネジメント経験を積ませることが必要だろう。

　対象企業の経営陣を残すもう1つの理由が、経営陣の「人脈・ネットワークの活用」という事業上のものである。特にオーナー企業の場合、オーナーの人脈で営業してきたケースが多く、そのような人脈・ネットワークを維持するために、オーナー経営陣に残ってもらう方向性になる。これは一見合理的な理由に見えるが、買い手としては人脈・ネットワークなどの暗黙知は可能な限り早く組織化、形式知化していくべきである。本当に必要な場合に限り、残す人材を見極めたうえで、正当な対価を準備して残すよう慎重に検討しなければならない。

　買収後の経営体制の構築について論じてきたが、シンガポールを含む中華系の華人が多い地域においては、オーナーと従業員の立場の違いに関する認識において、日本以上に違いがあるため、注意が必要である。中国語で老板（ラオパン）という言葉があり、上司や社長という意味であるが、ビジネスオーナーとしてのラオパンという言葉のもつ重みはとても大きく、尊敬の意も含まれる。したがって、ラオパンであったオーナー社長が、会社を売却した後に雇われ社長や取締役として事業に携わる場合、以前と同じモチベーションで継続してもらうことは容易でないことを認識する必要がある。日本と比較して、シンガポールの文脈ではより大きな変化として受け止められる印象である。

Column

2023年９月からシンガポールが新たに導入したCompass制度について<One Asia Lawyers 栗田弁護士へのインタビュー>

　シンガポールに拠点を置くOne Asia Lawyers Groupの栗田弁護士に、2023年９月にシンガポールで導入されたCompass制度の影響についてインタビューした。Compass制度は、外国人がシンガポールで就労するためのビザ（EPと呼ばれるもの）の取得基準を定めた制度であり、従来と比べ、分野に基づいた点数制度となることで客観性のある制度となった。具体的には、①給与、②学歴、③国籍多様性、④ローカル雇用の促進の４項目の基礎基準（各項目20点満点）、および⑤スキルボーナス（不足人材リスト）、⑥戦略的経済優先ボーナスの２項目のボーナス基準（⑤は20点、⑥は10点）で評価され、合計40点を上回らないとビザが取得できないものである。

シンガポール政府の狙いは何でしょうか？
⇒人材開発省（MOM）としては外国人の就労者は、ローカルを補完するべきであるとしています。したがって、シンガポール人にはできない仕事や、足りていない分野の経験がある外国人を呼び込むことが目的になっています。つまり、上記の⑤不足人材リストに掲載されているAIデータサイエンティスト、食品生物工学者、排出権取引の専門家などはビザ取得において優遇されます。Compassではビザ取得の要件を点数化することで、従来のビザ申請プロセスに比べて客観性を増していると政府は説明しています。

日本企業として気をつけることはありますでしょうか？
⇒実際に運用が始まってしばらくしないとわかりませんが、これまでもビザ発行に時間がかかっていた企業は今回さらに注意が必要でしょう。余裕

をもったビザ申請のほか、自社内の採用状況、ビザ状況を今一度確認し、今後の更新や新規申請に備える必要があるでしょう。また、①給与は、各セクターごとの給与と比較されるため、各セクターの給与水準を常に把握しておく必要があります。

<u>シンガポールにおける日本企業のM&Aや投資にどのような影響がありますでしょうか？</u>

⇒まず、デューデリジェンスにおいて対象企業の採用状況やビザの状況について確認したほうが良い局面が出てくるでしょうか。買収後に日本から人を送りこむ際の影響はもちろん、買収時に従業員として勤務しているキーパーソンがEPホルダーであった場合、EP更新が問題なくできそうかも確認したほうが良いでしょう。

　また、今後はローカル人材を多く採用していてビザ発行枠に余裕がある企業を買収する、という観点も出てくるかもしれません。

<u>今後もシンガポールは外国人へのビザ発行を厳しくするのでしょうか？</u>

⇒ここ数年の動きを見ていると、そう思われます。他方、シンガポールは外国人がいなければ成り立たない側面もあり、一部のシンガポールにとって戦略的なセクター（典型例が⑤不足人材リスト）については積極的に人材を誘致するためにビザ要件も緩和していますし、新しいビザの制度も準備してくると思います。そのようなセクターはシンガポールでのビジネスチャンスが大きいことの裏返しであり、それをうまく活用することも一案でしょう。

第 **2** 章

シンガポールの
M&A実務

本章ではシンガポールにおけるM&Aの実務について、M&Aの典型的なプロセスに沿って解説する。シンガポールはM&A案件の実績も多く、東南アジアの他国と比べると「特徴がない」ことが逆にシンガポールM&A市場の特徴といえるだろう。実務においても、日本や欧米のM&Aを経験した人からするとそれほど違和感なく案件の組成、執行ができる市場である。とはいえ、日本や欧米市場ほど案件がスムーズに進行しないことが多く、買い手としては忍耐強く案件に取り組む必要がある。

簡単にいうと、M&A案件のクオリティの振れ幅が大きいというイメージで捉えてもらいたい。M&Aのプロも存在する一方、プロでない人が案件を仕切っているケースもある。急成長を続けるシンガポール経済において、グローバルで先進的な部分もありつつ新興国のテイストも残しているという、シンガポール特有のひずみがM&Aの世界にも表れている感覚である。

図表2-1において一般的なM&Aのプロセスを確認したうえで、各プロセスにおけるシンガポールでの特徴や留意点を見ていく。なお、上場企業の買収は法制度や手続面のプロセスにおいてテクニカルな議論が多いため、ここでは、シンガポールに所在する非上場企業の買収（あるいは一部取得）を念頭に置いたプロセスとした。

図表2-1：一般的なM&Aのプロセス

i. 案件発掘（ソーシング）	ii. NDA締結・情報入手	iii. 情報レビュー・初期交渉	iv. 基本合意締結	v. デューデリジェンス（DD）	vi. 契約交渉・サイニング	vii. クロージング	viii. M&A後の統合（PMI）

1 案件発掘（ソーシング）

シンガポールにおけるM&A案件発掘では主に以下の３つの累計が一般的であるため、それぞれについて説明する。

・フィナンシャルアドバイザー（FA）からの紹介案件
・リサーチに基づいてドアノックして案件化
・事業上のお付き合いがある先を買収

（1）フィナンシャルアドバイザー（FA）からの紹介案件

　シンガポールは域内の金融センターであるため、日本、欧米、中国、東南アジア各国の銀行、証券、投資銀行が多く拠点を構えている。大手金融機関にとって、シンガポールを含む東南アジアのM&Aマーケットは日本・欧米と比べると小さく、多くの場合M&A業務はエクイティ、デットのキャピタルマーケット業務と同じ部署で取り扱っている。

　金融機関に加え、監査法人系のファームや、独立系M&Aファームも多く存在し、ミッドキャップと呼ばれる中小規模のM&A案件に取り組んでいる。ローカルのアドバイザーは独自ネットワークによって組成したM&A案件の売り手アドバイザー（FA）として、買い手を探して案件を実行している。M&Aを検討している日本企業は、これらの売り手FAから案件紹介を受けるケースが多い。例えばプライベートエクイティ（PE）ファンドが売り手になるケースにおいては、PEファンドが売り手FAを起用しているケースがほとんどである。

　シンガポールおよび東南アジアでは、エクスクルーシブでない「売り手FA」もいるため注意が必要である。これは、売り手である対象会社の株主から正式にセルサイドFAとしての起用されていない、あるいは起用されていても単独のFAではない、という意味である。単独のFAではない場合、複数のFAが同じ案件情報を取り扱っており、プロセスが一元管理されていないため、買い手候補企業が知らないところで他FA経由でプロセスが進んでいるリスクがある。また、特に注意が必要なのは、売り手と直接話をせずに勝手に売り手FAとして案件を持ちまわっているケースである。それ以外にも、売り手から直接得た一次情報でなく、二次情報を取り扱っているブローカーも存在する。これらブローカーと会話をすると、いつまでたっても売り手株主とのミーティングが設定されないなどのケースもあるため、事前に売り手FAの立場を確認することが必要である。

　また、在シンガポールの日系FAは通常買い手として日本企業のFAになるケースが多い。これら日系FAは通常ブローカーの有する情報などは取り扱わず、信頼できるローカルの売り手FAが有する情報をスクリーニングして取り扱っているため、日系FA経由で案件情報を得るのも１つの手段となる。

（2）リサーチに基づいてドアノックしてM&A案件化

　FAファームにも相談が寄せられるケースが増えている。買収対象業界におい

て、シンガポールでどのような企業が存在するかリサーチしたうえで、選定したターゲット先に売却を持ちかけるアプローチである。ロングリストと呼ばれるターゲット企業のリストを作成し、その中からターゲットとなる企業を絞り込んでいく。

　シンガポールは、このようなアプローチを取りやすいマーケットである。なぜなら、シンガポールにはACRA（Accounting and Corporate Regulatory Authority：会計企業規制庁）という政府機関があり、株主を含む法人登記情報および一部を除きすべてのシンガポール法人の決算書を誰でも閲覧が可能なためである。ACRAの登記情報はシンガポール居住者などシンガポール政府発行IDを有する人であれば取得可能であり、役員と株主が記載されたビジネスプロファイルが5.5Ｓドル、財務諸表が26Ｓドルである（2023年9月時点）。なお、株主数が個人の20名以内で非公開企業の場合、債務超過の企業を除いては財務諸表の登記義務がない。

　ロングリストから、実際にドアノックする先をピックアップする。ドアノックは知り合い経由の紹介がメインになるが、それ以外にもコールドコールやＥメール、SNSを使ったアプローチが有効である。日本では知らない人・企業からの問い合わせに対して答えてくれる企業は少ないが、シンガポールの場合はオープンかつ非常に合理的な人が多く、自社にとって有益な話になりそうと感じれば、知らない人でも是々非々で話に応じてくれるケースが多い。そのうえでお互いにとって有益な話であれば、議論が進んでいく。この点においてもドアノックをしやすい市場と言える。

　また、ドアノックは買い手となる事業会社自ら行うよりも、FAやコンサルを通じて行ったほうが効率的に複数の先から情報収集が可能である。

（3）事業上のお付き合いがある先を買収

　先述の日本ペイントのケースもそうであったが、例えば日系メーカーの商品を現地で取り扱っている代理店を買収してバリューチェーンに取り込むケースがある。同様に多いのが、現地パートナーとの合弁会社の持ち分を増やして子会社化するケースである。いずれも過去の関係の延長線上にある取引のため、買収すれば何が変わるかのイメージももちやすく、シナジーの検討がしやすい。買収ターゲット探しに苦労している企業は、事業上のお付き合いがある先を改めてM&A

ターゲットとしての観点で見直すと、意外と良い候補先が見つかるかもしれない。

2 NDA締結・情報入手

　ターゲット候補企業が定まると、守秘義務契約（NDA）を締結して情報を受領することになる。ドアノック案件の場合は、情報取得前に相手をその気にさせる初期的な交渉が必要である。そのプロセスは次の項目で触れる。

　売り手FAがいて売却プロセスが存在する場合、NDAを締結するとインフォメーションメモランダム（IM）と呼ばれる対象企業の事業に関する説明資料とともに、事業計画の数値を記載したフィナンシャルモデルが提供されることが通常である。

　なお、シンガポールにおいては、NDAを含め各種契約において言語の制約はない。M&Aにおいて売り手も買い手も日本企業であって、対象企業が在シンガポールというようなケースにおいて、契約書が日本語で作られたとしてもシンガポールでは有効である。東南アジアの他の国では各国でローカルの規制があり、インドネシアのように現地語で契約書を作らないといけない国もあるので注意が必要である。

3 情報レビュー・初期交渉

（1）バリュエーション実務

　売り手から事業計画が提供されたあと、バリュエーション（企業価値算定）を行う。買い手企業としては、事業計画のキャッシュフローをベースにしたディスカウンティッドキャッシュフロー（DCF）法、類似上場企業の株価を使用する株価倍率法、類似買収事例比較法などを使って多角的に評価するが、これはシンガポールのM&A実務でも同様である。

　DCFを行う際に使用するエクイティリスクプレミアムについて、シンガポールでもシンガポール証券市場のデータがイボットソンやダモダランから取得できるため、それらを使うことが一般的である。DCFに使用するベータ（β）の算出や類似企業の選定においては、シンガポール市場に上場している企業を使用することもあるが、上場企業数が少ないため、東南アジアの他国の上場企業や米国市場などのグローバル上場企業を使用することも多い。なお、2023年7月末時点で

シンガポールの証券取引所SGXに上場している企業数は、メインボード市場と新興企業向けのカタリスト市場を合わせて639社であり、東証の3,899社（2023年8月時点、プライム・スタンダード・グロース・Tokyo Pro Marketの合計数）と比較するとその少なさがわかる。

なお、買収の対象企業が上場企業の場合、特定の株主や買い手候補のみに株価に影響を与えうる情報を提供することが規制上許されないため、一般投資家に開示されている情報に限定されることに注意が必要である。したがって、上場企業が買収対象企業の場合は、すでに公開されている財務諸表や企業が公表している業績予想、アナリストレポートなどを参考にすることになる。

ちなみに、アナリストレポートについて、シンガポールは他の市場に比べてそれほど豊富ではない。下記は東南アジアのAsia PartnersというPEファンドが

Column

シンガポールにおける契約書の紛争解決手段について

シンガポールではNDAのみならず、M&AのプロセスにおけるLOI（基本合意書）、株式譲渡契約、また取引スキームによっては出資契約書、株主間契約などの契約書があり、いずれの契約書も、シンガポール法準拠となるケースが多く、紛争解決もシンガポール裁判所か仲裁になる。

紛争解決手段としての裁判および仲裁は、紛争の当事者ではない第三者による判断に委ねるものであり、拘束的な紛争解決手段と呼ばれる。裁判においては裁判所の管轄を事前に契約で規定して、特定の裁判所に限定することを専属管轄と呼ぶ。例えば、契約書においてシンガポール裁判所が専属管轄として当事者間で合意されている場合は、シンガポール裁判所以外での提訴ができないこととなる。裁判所の管轄区については、シンガポール案件においてはあまり問題にならない。しかし、他のアジアの国においては、裁判所の判決が出たとしても、その執行が他国で行われる場合に、執行対象の財産所在国が外国判決を承認執行しないと実際には執行が

2023年初旬に公表したレポートからの抜粋であるが、アジアの他の金融ハブに比べて、シンガポールにおけるセルサイドのエクイティアナリストの数が少ないという問題を提起している。なお、セルサイドとは証券会社の調査部門などに所属するアナリストのことを指し、リフィニティブによると日本には約400名のアナリストがいるとされる。

金融都市	アナリスト数（推定）
香港	305人
ムンバイ	160人
シドニー	113人
シンガポール	63人

出所：Asia Partners「2023 Southeast Asia Internet Report」

できないため、注意が必要である。また、新興国の場合はそもそも裁判の公平性が確保できるかという点も重要な検討ポイントになる。

　そこで、よく使われるのが仲裁である。仲裁においては、当事者の合意によって仲裁人と呼ばれる、仲裁プロセスを進める人を選定することが可能である。裁判と比べると比較的短期間かつコストを抑えて実施することができ、また仲裁判断の執行についても裁判とは異なり、ニューヨーク条約の加盟国間であれば執行できる。日本やシンガポールを含めた100を超える国が条約に加盟している。

　シンガポールはアジアにおける投資ハブのインフラ整備の一環として、仲裁を使いやすくするための制度や環境を整えている。実際に年間300〜400件程度の仲裁がSIAC（シンガポール国際仲裁センター）にて取り扱われており、その9割近くが国際的な事案となっている。

実務的には他国と同様のバリュエーションのアプローチをとるものの、データのアベイラビリティや精度において、必ずしも満足いくデータが取得できないことも多いのがシンガポールの現実である。したがって、買い手としてはDCFモデルでさまざまなリスクシナリオを織り込んで分析するなどの現実的な対応が必要になってくる。

(2) 初期的交渉

シンガポールの場合、基本合意締結前に初期的交渉を行うケースが多い。日本や欧米の案件の場合、基本合意前は売り手FAから提供されるインフォメーションメモランダムや事業計画などの限られた情報と対象企業とのコンタクトは限定的なままに検討を進める必要がある。シンガポールを含む東南アジアにおいては、売り手FAがいてプロセスを管理しているとしても、他国のように厳密ではないケースがほとんどである。したがって、NDAを締結すると売り手・対象企業との面談が実現することになる。ちなみに、シンガポールや東南アジアでは入札プロセス形式の案件であっても多くの場合は入札期限も含めて交渉可能である。

基本合意前に売り手・対象企業との面談を行う場合、事業に関する理解を深めつつ、初期的な価格交渉をすることとなる。シンガポールの場合、売り手FAがいたとしても、インフォメーションメモランダム、事業計画などのまとまった情報が準備されていないケースも存在する。これは、"買い手が本気であると確認できない限り情報を出したくない"という売り手のスタンスに起因するものであり、情報取得するまでに時間と労力がかかってしまう。本来は売り手FAが主導して一定の情報を準備し、複数の買い手候補から提案を得て比較することが売り手にとって望ましいはずであるが、"良い売り手がいれば売却を考えたい"というスタンスであると、このようなやりとりが発生する。なお、"良い買い手がいれば売却を考える"というスタンスの場合、前述のとおり売り手FAが複数いるケースや、FAとは呼べないブローカーが介在しているケースがあるので、注意が必要である。それでも対象企業の事業が魅力的である場合は、忍耐強くコミュニケーションして会話を進める必要がある。

なお、これらのプロセスを効率的に進めるため、買い手においてもバイサイドのFAをこの段階から起用し、コミュニケーションを含めたサポートを得ることが望ましい。特に、シンガポールのM&A市場に精通したFAであれば、売り手FA

の評判も含めて知っているケースが多い。

　バリュエーションに関しても、特にオーナー企業がの場合、株価倍率の水準や他社比較というより、最終的にいくらのキャッシュが手元に入るか、その絶対額が関心の対象となるケースが多い。売り手の関心を理解したうえでの交渉が必要になる。

（3）ストラクチャリング

　シンガポールでも日本同様、株式買収と資産買収が存在する。ただし、日本のような会社分割の制度は存在しないため、資産買収の場合は個別に資産を特定したうえで契約で移転することになる。資産買収の場合、売り手の売却益が所得として法人税課税される可能性があること、資産に不動産が含まれる場合、移転に際し多額の印紙税がかかることになる。一方、株式売却では、シンガポールはキャピタルゲイン課税がゼロであるため、課税されない。したがって、シンガポールでは実務的に株式買収が選ばれることが多い。ただし、法人に紐づいた偶発債務を切り離す必要がある場合などは、資産買収を含めてストラクチャを検討すべきである。

　シンガポールの税制は、キャピタルゲインや配当課税がゼロであることに加え、そもそも法人税率が上限17％であり、個人の所得税も累進課税での最高税率が22％とかなり低い。この優遇税制により、多数の企業や富裕層個人を惹きつけている。

　日本企業がシンガポール国内で法人税を納める場合も17％の税率が適用されるが、その後日本に資金を還流させるためには、日本で課税される可能性があるため注意が必要である。日本の親会社がシンガポール法人の株式の25％以上を6ヵ月以上保有していれば、95％の配当金益金不算入が適用できる。

（4）買収後の経営体制の検討

　先述のとおり、買収後の経営体制に、経営陣を残して経営を任せるのが日本企業の典型的な行動様式である。M&Aによって対象企業の経営権を取得した場合、社長を含めた取締役は買い手である日本企業が指名できる。シンガポール会社法上、定款に定めがない限り、過半数の普通決議で取締役の選任が可能である。なお、取締役のうち1名以上はシンガポールの居住者である必要がある。このよう

な居住取締役は、現地の弁護士事務所や会計事務所がサービスとして名義上（ノミニー）の取締役を派遣するサービスを提供している。

　M&A実施後に経営陣が残る場合、オーナーが変わったあとも事業に協力してもらうため、インセンティブを付与することが必要になる。例えば、３年は残ってもらいたい場合に、金銭的インセンティブとして、その期間にわたって毎年リテンションボーナスを支払うケースや業績に連動したボーナスを支払うケースもある。より長期的に残ってもらいたい場合は、一部株式を持ってもらうことも考えられる。一方で、金銭的インセンティブ以外にときどき見られるのが、買い手

Column

富裕層・ファミリーオフィスを惹きつけるシンガポールの税制

　日本のような相続税が高い国の資産家にとって、相続税のないシンガポールは人気の移住先になっている。シンガポールにはM&A案件のサポートをするFAのほか、資産家の資産運用をするプライベートバンカーが多く存在する。プライベートバンカーは資産家が保有する資産の投資先をアドバイスするだけでなく、各国の税制などを把握したうえで、居住地の選択やその居住地での生活のセットアップも含めてサポートするケースが多く、資産家向けのトータルソリューションを提供している。シンガポールは、東南アジアのみならず、中国や欧米の資産家も多く居住しており、グローバルに資産家を惹きつけている。

　資産家がその資産運用のために会社を立ち上げて投資専門の人員を雇用して投資を行い、かつ資産家にとって必要なサービスを提供する事業形態をファミリーオフィスと呼ぶが、シンガポール政府はファミリーオフィスを積極的に誘致している。ファミリーオフィスを対象にしたスキームがあり、現地での雇用創出など一定の要件を満たすと、投資事業に必要なファンドマネジメントライセンスなしで投資事業ができることや、優遇税制を受けられる。また、実際に資産家が移住する場合、現地居住のためのビザ

企業内で海外マネジメントとしてより重要なポジションを担ってもらうケースである。シンガポールにおいては東南アジア各国の拠点をマネージした経験をもつ経営者も多く、買い手企業が有する東南アジア子会社もマネージしてもらうことや、新たな国への展開を任せるようなケースである。さらには、買収した対象企業の経営陣が日本本社の執行役員や取締役になることもある。前述のとおり、オーナーでなくなった元マネジメントのインセンティブをいかに保つかという点は、慎重な検討が必要である。

が必要になる。資産管理会社と呼ばれる資産家の資産を管理する会社をシンガポールに設立するだけでは、居住ビザを取得することは一般的に難しく、上記のファミリーオフィススキームを活用し、現地で雇用を生むことや、現地で一定程度の費用支出を行うことなどの条件を満たすことで資産家自身のビザを得ることができる。

　最近の日本からシンガポールへの資産家の移住について、シンガポールで活躍しているプライベートバンカーによると、資産家の移住は以前ほどではないものの継続している。日本からの移住の場合、2015年に導入されたいわゆる出国税という税制が適用されることに注意が必要である。これは日本出国時に1億円以上の有価証券を保有する場合、その含み益に対して課税される制度である。含み益であるため、実現していない利益に対して国外転出時に利益が実現したと仮定して課税されることになる。この出国税の導入以降、上場企業オーナーのシンガポール移住は以前よりは減っているが、それでも会社売却などをし出国税をキャッシュで納めることができる資産家が、相続や家族の教育などを目的に移住するケースは引き続き続いている。

（5）バイサイドアドバイザー（FA）の起用

　買い手企業は、基本合意書の段階でバイサイドFAを起用すべきである。上記のとおり、基本合意書の検討において多くの複雑な論点が存在するため、シンガポールのディールに慣れたFAに相談しながら進めるのが良いだろう。シンガポールには日系のFAも多くあり、日本企業のバイサイドのアドバイス実績が豊富なファームも多い。銀行や証券の大手FAに加え、中小規模のブティック系ファームも現地オーナーとの交渉などにおいて小回りがきいて使いやすい。

　シンガポールではFA業務はCorporate Finance Advisory Servicesと呼ばれ、規制業種である。シンガポール国内から日本企業含めクライアントにFAサービスを提供するには、シンガポールの金融当局であるMASからのライセンス、あるいはライセンスなしで営業をするためのライセンス免除の届け出が必要となる。

4 基本合意締結

　基本合意は取引の価格や取得持分、ストラクチャを規定した法的拘束力をもたない文書として売り手と買い手が交わす。ここまで詳細を論じてきたバリュエーション実務、ストラクチャリング、買収後の経営体制などの情報が盛り込まれることになる。基本合意書を交わすことで、次のフェーズとして、双方一定のコミットを必要とするデューデリジェンス（DD）のフェーズに入る。

　基本合意書で買収資金の手当てを記載することも多い。中小規模の案件の場合は、買い手企業の手元資金で賄うが、大きい案件や買い手が投資効率を上げたい場合に買収ファイナンスを外部から調達する。外部調達の場合、金融機関からコミットメントを取り付けて、基本合意に添付することもある。上場企業買収の場合は、公表時点で第三者からの資金証明を提出することが必須である。

　シンガポールでは、地場金融機関のほか、日系、欧米系の金融機関やプライベートクレジットと呼ばれる非上場企業へ直接融資を行うファンドも存在し、買収ファイナンスも提供している。シンガポールの買収では通貨も当事者間で自由に決められるため、グローバルPEファンドが買い手の場合、USドル建てで取引が行われ、LBOローンもUSドル建てで調達される。そのようなローン調達の場合、ローカル銀行に加え、日系や欧米系、中国や台湾の銀行もシンジケーションに参加するケースがある。

東南アジアのスタートアップ向けにベンチャーファイナンスを提供するレンダーも最近増えている。スタートアップの旺盛な資金需要に対し、エクイティを供給するベンチャーキャピタルやPEファンドは多数存在するが、エクイティ調達による希薄化を抑えたい場合や、運転資金や在庫などの営業資産の仕入れに充てるための資金を出すレンダーが増えている。ほとんどのスタートアップは赤字であり、不動産など担保に出せる資産もないことから従来の銀行からの借入は難しく、その資金ニーズをファンドやノンバンクが埋めている。シンガポールではスタートアップが経済の新たな担い手として存在感を増しているが、それにともなってスタートアップ向けレンダーも存在感が今後増していくだろう。

5 デューデリジェンス（DD）

　基本合意の締結後にデューデリジェンス（DD）に入る。シンガポールのM&A取引においても、通常のM&Aプラクティスと同様に、財務・税務、法務にかかるDDはほぼ必ず行われ、案件によってビジネスDDや人事DD、IT DDが行われる。

　DDは、ビジネスDDを除き必ず外部の専門家に依頼すべきである。シンガポールの場合、いずれの分野も専門家が多くいるため、案件の難易度や予算に応じて適切なDD専門家を選定できる。財務・税務の場合、いわゆるビッグ4の会計事務所以外にも、グローバルな会計ファームはほぼすべてシンガポールに拠点を置いている。多くのグローバル会計ファームは日本人を置いて、ジャパンデスクという形で会計・税務にかかわるサービスを提供しており、M&A案件のDDも対応可能である。それ以外にも、日系の会計事務所も多くシンガポールに進出している。買収後の決算実務や連結作業も念頭に置いて、そのような事務所にDDを依頼することも考えられる。

　法務DDにおいても同様に、シンガポールには多くの専門家がいる。特に日本の大手四大法律事務所は東南アジア全体でかなりの人数を配置しているので、シンガポール企業が有する東南アジア子会社も含めたDDなども対応できる。大手以外にも、クロスボーダーM&Aに強みをもつファームもあり、日本企業のM&A活動を積極的に支援している。通常は、法務DDだけでなく契約書のドラフトも同時に同じ法律事務所に依頼するが、特に契約書のドラフティングは売り手との交渉に直結する文書であり案件の成否に大きく影響するため、FAとも相談しな

35

がら案件に適した弁護士事務所に依頼する必要がある。

　シンガポールでDDを行った際に、他の東南アジア諸国でよく検出される二重帳簿や従業員の社会保険料未納などの問題が出てくることはめったにない。一方で、オーナー企業の場合、株主構成が複雑になっていたり、子会社や関連会社が複数あるケースがあり、このような場合は資金の流れを理解して実態を把握することが必要となる。また、本業以外に不動産投資を行っていることが多いのもシンガポール企業の特徴である。これもDDで資本関係と資金の流れを解明することが必要になる。

　なお、前述のコラムにもあったとおり、2023年9月からシンガポールにおける外国人のビザ取得の制度が変わり、Compass制度が導入された。これまで不透明であったビザ取得が点数化されたが、実質的に厳しくなったともいわれている。買収した対象企業に買い手として日本人を派遣する場合、その企業がすでに何名分のビザを出しているのか、またその国籍の構成はどうなっているかなど、DDの段階で確認することも考えられる。

6 契約交渉・サイニング

　DDが終わると最終契約の交渉に入る。シンガポール人の交渉スタイルは、要望を裏表なく正面からぶつけてくることが多く、わかりやすい。したがって、それらの要望に正面から接して交渉を進めていくことになるが、交渉においてはFAを使ってメリハリをつけたコミュニケーションが役立つ局面も多いので、うまくFAを使って交渉をすることが望ましい。シンガポール人特有のシングリッシュやその言い回しを理解したうえで交渉ができれば、さらにプラスであろう。

　また、シンガポール人との交渉においては、「ちゃぶ台返し」のような極端な交渉は起こりづらい印象である。非上場企業であってもある程度国際的なビジネス感覚をもっている企業が多く、比較的交渉しやすい相手ではないだろうか。

　シンガポールにおいて、特にコンシューマーに近い分野では、EBIDTA倍率などのマルチプルが日本と比べて高くなりがちである。バリュエーションのギャップを埋めることが難しい場合、アーンアウト（Earn out）を使うことが考えられる。アーンアウトとは、買収後の将来において、一定の条件に基づいて追加代金を支払う約束をするものである。初めに49％買い取って、その後残りの51％を

買い取るようなストラクチャは分割買収などと呼ばれるが、分割買収とは異なり、アーンアウトでは買収実行時に100%持分が買い手に移ることになる。買収から一定期間後に、あらかじめ合意したEBITDAや売り上げの水準に応じて買収代金を追加で支払うことになる。アーンアウトは経営陣のリテンションやインセンティブとしても機能するため、経営陣に残ってもらう場合にも有効活用できる。

　また、M&Aの契約交渉において重要な論点である表明保証条項およびそれに対応する補償条項であるが、シンガポールでも最近はM&A取引に関連した表明保証保険を付保するケースが増えている。以前は日本や欧米に比べて東南アジアの表明保証保険マーケットが小さく、相応の規模のM&A案件でないと保険付保が難しかったが、最近ではシンガポールを含めた東南アジアでの活用も増えている。大手の保険会社やブローカー経由で手配が可能である。特に前述のように対象企業の経営陣に残ってもらいながら事業運営する場合、表明保証保険を活用して、売り手ではなく保険に求償先を求めることは両社の関係に禍根を残さない解決策になりえる。

7 クロージング

　契約締結後、前提条件（CP）を満たしてクロージングを迎える。シンガポールにおいては、国家の安全保障にかかわる分野やメディア関連事業などの特殊な領域を除いては外資規制が存在せず、クロージング前の当局承認などがCPになることはない。これは東南アジアにおいては珍しく、隣国のインドネシアやベトナムでは、外資企業が買収・投資する際には基本的に当局の承認が必要であり、これが外資規制対象のセクターであるとさらに時間がかかることになるので、サイニングからクロージングまでの時間を読みづらい。

　シンガポールにおける競争法では、買収時にCCCS（競争・消費者委員会）という機関に対して、買収の届け出を出して意見を求めることができる。CCCSへの提出は義務ではないものの、シンガポール国内市場における競争を実質的に減少させるまたは減少させるおそれのある企業結合は禁止されているため、その可能性がある場合は提出が必要になる。目安としては、買収後のエンティティが市場シェアの少なくとも40%を占める場合および市場シェアが20〜40%でかつ上位3社が70%を占める場合を除いては、CCCSが介入することはないとされてい

る。実務的にはCCCSの届け出を出すことはあまり多くないが、最近の事例では2023年7月にライドシェアのGrabがその子会社を通じたシンガポールで3番手のタクシー会社であるTrans Cab社の買収を公表した際には、CCCSに対して届け出が出され、CCCSによるパブリックコメント募集がなされた。実際の案件でCCCSへの通知が必要になるケースでは、CCCSの結論を待ってからクロージングする必要がある。

　資金移動などのクロージング手続についても、日本とシンガポールの間では特に規制がなく、銀行で海外送金手続をするだけであり、通常1～2営業日で着金する。シンガポールにおいては株主名簿が電子的にACRAで管理されており、株式譲渡の場合はその電子的な株主名簿を書き換えることで株式譲渡が有効になる。また、株券は電子でも物理でも発行可能となっている。株式譲渡では、クロージング時に株式譲渡証書と呼ばれる文書が必要となることが多いが、これは内容としては形式的なものであり、複雑な手続ではない。クロージング実務においては対象企業の会社秘書役に対応してもらうものが多く、事前に対象企業側とロジを十分に確認しておくことが必要となる。

M&A後の統合（PMI）

　M&A実行後、シンガポールで事業を行っていくうえでの注意点の1つ目は、居住取締役である。前述のとおりシンガポール企業の取締役は少なくとも1人がシンガポール居住者である必要がある。ここでいう居住者は、シンガポールに居住しているシンガポール国民、永住者、あるいはビザ保有者であればよい。国籍に制約はないため、日本人が現地のすべての取締役を占めることも可能であるが、少なくとも1人はシンガポール居住者である必要がある。前述のCompass制度によるビザ要件厳格化もあり、留意が必要である。なお、この要件を満たすため名義上（ノミニー）のシンガポール居住取締役を手配してくれる会計事務所や法律事務所もある（違法ではない）。

　次に留意したい点は人材の流動性である。シンガポールでは転職が一般的であり、日本と比べて人材が流動的である。シンガポール人は非常に賃金水準に敏感であり、自分がいま勤めている企業の競合がどの程度の給与水準であるかを把握しており、より高い給与でのオファーがあれば転職を厭わないカルチャーである。

もちろん、長年勤めている企業に対して愛着を感じて残っている人材もいるが、そのような人材は稀であると自覚しなければならない。

　一方で、雇用主にとっても柔軟性が高い雇用制度であり、従業員の解雇は非常に容易に行える。雇用主は、正当な理由なく、雇用契約において定められたノーティス期間か、あるいはその期間に代わる給与を支給することで解雇が可能である。2023年にグローバルなテクノロジー企業が事業環境や資金調達環境の悪化を受けて多くの人員整理を行ったが、シンガポールでも同様に多くの従業員が影響を受けた。

第 3 章

シンガポールM&A
マーケット概観

ここまで日本・シンガポール間のM&Aの状況とその実務に焦点を当ててきたが、実際にシンガポールでM&Aに取り組むにあたり、市場のトレンドや特徴を理解しておくことも同様に重要である。この章以降で、少し長い期間にわたる歴史も含め、シンガポールのM&A市場がどう変遷してきたか、統計や過去の案件なども見つつ論じる。また、テマセクをはじめとする政府系のプレイヤーがM&A市場においても影響を与えている。これらの事実を改めて確認したい。

1 活発なシンガポールM&Aマーケット

シンガポールのM&Aマーケットはどのような特徴があるのだろうか。ここではM&A市場の分析に際し、In-In、In-Out、Out-Inの３つに分けて市場を俯瞰する。In-Inとはシンガポール国内で完結するシンガポール企業同士のM&Aである。また、In-Outはシンガポール企業による海外企業の買収、Out-Inはその逆で海外企業によるシンガポール企業の買収である。In-OutとOut-Inは国境をまたぐ「クロスボーダー」案件である。

この３つの類型に分けたうえで、各類型の案件数の推移などの定量的なデータを見つつ、各分野の歴代トップ案件も見ることで、シンガポールM&A市場の特徴を解明する。データソースはS&PグローバルのCapital IQというデータベースを利用しており、2000年１月１日から2022年12月31日までの期間を対象としている。また、前述のデータ同様にM&A案件数の統計は企業の経営権を取得するマジョリティ取得案件だけでなく、マイノリティ取得の案件も含む。ただし、スタートアップの資金調達ラウンドへの参加は含まない。

図表３−１は2000年以降のシンガポール国内のM&A案件数、**図表３−２**は同様に2000年以降のシンガポールが関与しているクロスボーダーM&A案件数である。直近の2022年１年間で見てみると、国内案件189件に対して、クロスボーダーが495件となっており、合計で684件のM&A案件にシンガポール企業が関わっている。日本企業が関与するM&A案件数が年間4,000件程度といわれているが、日本のGDPがシンガポールの10倍以上であるという経済規模の違いを考慮しても、シンガポールM&A市場は活発であるといえる。

図表3-1：2000年以降のシンガポール国内M&A案件

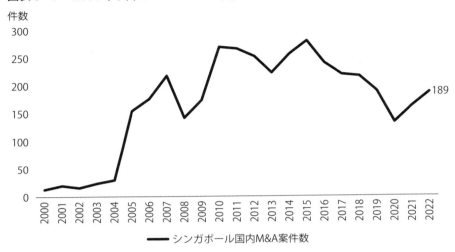

図表3-2：2000年以降のシンガポールクロスボーダーM&A案件

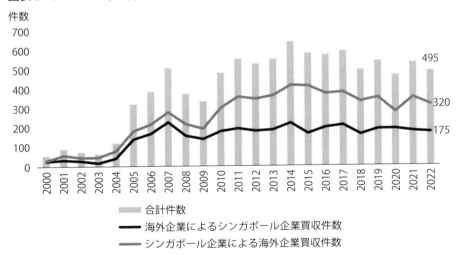

2 シンガポール国内M&A案件（In-In）

　シンガポール国内M&A案件はどのような属性の案件が多いのだろうか。**図表3－3**にて2000年以降の過去23年間でシンガポール国内で起きたM&A案件の金額トップ５を記載している。これを見るとM&A市場の特徴が見えてくる。

図表3－3：シンガポール国内のM&A案件

#	公表日	対象会社	買い手企業	買い手国	取引金額 (USD MM)	詳細
1	2016/05/04	C. K. Tang Limited	Tang Holdings Private Limited	シンガポール	6,078	百貨店や不動産事業を営むTangファミリーによる非上場化
2	2020/01/22	CapitaLand Commercial Trust	CapitaLand Mall Trust	シンガポール	6,046	キャピタランドが運営する国内の不動産を対象としたREITの統合
3	2001/06/29	Overseas Union Bank Ltd.	United Overseas Bank Limited	シンガポール	5,381	UOB銀行による別の国内銀行の買収。この買収によりシンガポール国内の銀行は３行に収れん
4	2021/10/29	Singapore Press Holdings Limited	Cuscaden Peak Pte. Ltd.	シンガポール	5,367	メディア企業であるSPHをテマセクを含むコンソーシアムが買収し非上場化
5	2021/12/31	Mapletree North Asia Commercial Trust	Mapletree Commercial Trust	シンガポール	5,216	テマセク傘下の不動産開発企業であるメープルツリーのREITの統合

①特徴１：テマセク関連の案件が多い

　テマセクとはテマセクホールディングス（Temasek Holdings）のことで、シンガポールの財務省傘下の政府系投資会社である。シンガポール国家の資産を運用し、シンガポール版ソブリンウェルスファンドである（テマセクについては第４章４節①も参照）。

　テマセクはメディア企業のシンガポールプレスホールディングス（現Cuscaden）、不動産のメープルツリー、石油ガスのケッペルなどシンガポール経済の主要セクターのリーダー企業の親会社あるいは筆頭株主として名を連ねている。これら企業はテマセクが株主であるが、多くが上場企業であり、政府の意向

を実現する民間企業として運営されている。シンガポール国内の大規模M&A案件には、ほとんどテマセクが関与している。

②特徴2：小売り・不動産関連案件が多い

シンガポールの特徴として、小売業や小売り関連の不動産案件が多い。他の産業が不動産と比較してそこまで成熟していないことが背景にあり、ショッピングモールやオフィスビル開発などの不動産事業を行っている企業の規模が目立つためである。文化的にも華人の投資家や経営者が不動産事業を重視する傾向も影響している。シンガポールの大手企業が、本業の事業運営のほか、不動産を所有して不動産開発や賃貸事業を行っているケースが驚くほど多いのもこのためである。

③特徴3：国内の再編案件が多い

2022年には石油ガス企業ケッペルのオフショア部門とセムコープの統合案件があり、図表3-3の欄外ではあるが、トップ8にランクインする大型案件である。もともと一部の事業において競合関係にあった両社が統合することで採算性を改善するとともに、今後再生可能エネルギーや水素分野などで積極的に投資していくための攻めの統合であった。なお、ケッペルおよびセムコープはいずれもテマセク傘下の企業であり、上記特徴1にも関係する案件である。2001年のUOB銀行による他銀行の買収がトップ5に出ているが、この案件を経てシンガポールの銀行業界はDBS銀行を加えた3行に集約されている。シンガポールの多くの業界も国内外で競争にさらされており、今後も競争力強化のための再編が進むといわれている。

なお、銀行業界についてはフィンテックの潮流の中、2020年に店舗網をもたないデジタル銀行ライセンスが金融当局から発行された。これによりスタートアップを含む5社・コンソーシアムが新規参入しており、競争がさらに促進されている。

3 シンガポール企業による海外企業買収（In-Out）

次に、シンガポール企業による海外企業の買収について、狭い国土で活動するシンガポール企業が、より広い市場に活路を求めて海外進出のためにM&Aをす

ることは容易に想像がつく。実はこれ以外にもシンガポール企業が買い手になっているケースが多いのが、シンガポールに拠点を置く海外企業がシンガポール法人を起点に買収を行うケースである。シンガポールの税制面での優位性や、リージョナルHQの招致、経営人材の招致などの施策がうまく機能し、ビジネスハブとしての存在感を表しているといえる。

　例えば、日本企業であるヤマトホールディングスは2016年にマレーシアの宅配大手のGD Express Carrier Sdnの株式の23％を取得しているが、この取引で買収主体となったのはヤマトホールディングス100％傘下のシンガポール法人であるYamato Asia Pte Ltd社であった。したがって、この取引は統計上はシンガポール企業によるマレーシア企業の買収（一部出資）であり、買収主体の親会社が日本法人として記録されている。

　買い手となる買収企業の法人主体を決める際に、税務面やグループ間資金管理などの財務面に加えて、買収後にどの法人から経営するかも重要である。日本本社直轄のグローバル戦略の中であれば日本法人が買収主体になるだろうし、東南アジアやアジア大洋州の戦略の１つとして行う買収であれば、日本本社でないリージョナル拠点が買収主体となる。シンガポールは、東南アジアやアジア大洋州のリージョナル拠点を積極的に誘致しており、M&Aにおいてもシンガポール

図表 3 - 4 ： シンガポール企業による買収対象企業の国別内訳

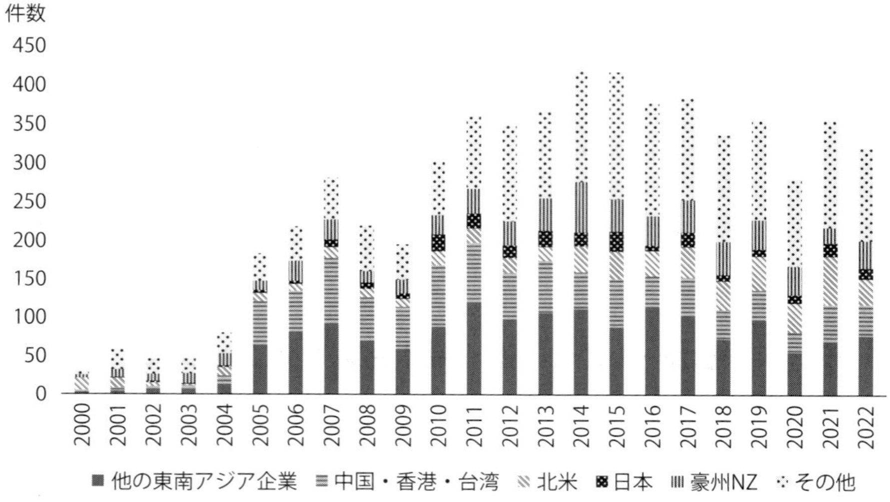

件数

凡例： ■ 他の東南アジア企業　≡ 中国・香港・台湾　⬡ 北米　▩ 日本　≣ 豪州NZ　⋰ その他

法人が主体となって実行されることが多い。

　図表3-4は、シンガポール企業が買収した対象企業の所在地内訳である。地理的な近さを反映して東南アジアの他の国が比較的多くなっているが、その他も多く、分散している。東南アジアでは、マレーシアとは国土が隣接しており文化も近いことから、件数も多く、3分の1程度はマレーシア企業の買収である。次に多いのがインドネシアである。

　一方、In-Outにおける過去23年間の金額トップ5のM&A案件はどのような特徴があるのだろうか（**図表3-5**参照）。

図表3-5：In-Outにおける金額トップ5のM&A案件

#	公表日	対象会社	対象会社国	買い手	取引金額 (USD MM)	詳細
1	2021/04/13	Altimeter Growth Corp.	米国	Grab Holdings Inc.	48,585	スーパーアプリのGrabによる米国でのSPACとの合併による上場
2	2001/03/26	Cable & Wireless Optus Ltd.	オーストラリア	Singapore Telecommunications Limited	8,596	シンガポールテレコム（シングテル）によるオーストラリアのテレコム企業の買収。シングテルはテマセクが過半数の株主
3	2009/08/06	eircom Holdings Limited	オーストラリア	STT Communications Pte Ltd.	6,179	STテレメディアによるアイルランドのテレコム企業買収。本社登記はオーストラリア。STテレメディアはテマセク傘下の投資会社
4	2001/04/09	Dao Heng Bank Limited	香港	DBS Group Holdings Ltd	5,369	DBS銀行による香港の銀行買収。DBSはテマセクが筆頭株主
5	2014/04/01	Wing Hang Bank, Limited	香港	OCBC Pearl Limited	4,954	OCBC銀行による香港の銀行買収

①特徴1：テマセク関連企業による買収が多い

　国内案件と同様に、テマセク投資先の事業会社が海外企業を買収するケースが目立っている。シンガポールテレコムやDBS銀行、シンガポールパワーは各社独立した大企業であるが、いずれも大株主がテマセクである。これら企業は、シンガポール国内で重要な産業を担う企業であるとともに、M&Aを通じて海外展開を積極的に進めている。国土が小さいシンガポールならではの積極的な海外投資

姿勢である。

　シンガポールテレコムは早くから積極的に海外展開し成功している企業の例であるため、具体的な事例としてここで取り上げる。自国のテレコムインフラだけでなく、グローバルにテレコム事業を展開している戦略は日本のテレコム企業にとってもお手本になる事例であろう。**図表 3 - 6** は、シンガポールテレコムが出資・買収している主な海外テレコム企業である。東南アジアだけでなく、オーストラリアやインド企業を通じてアフリカにまで事業展開していることがわかる。いずれも人口成長が著しい新興国マーケットであり、毎期持分利益取り込みでシンガポールテレコムの財務に貢献している。

図表 3 - 6 ：シンガポールテレコムが出資・買収している主な海外テレコム企業

取得年	対象会社	所在国	取得持分 （22/3）	携帯契約者数 （22/3）	備考
1993年	Globe	フィリピン	46.8%	175百万人	
1999年	AIS	タイ	23.3%	45百万人	
2000年	Airtel	インド	29.4%	457百万人	インド、スリランカ、アフリカの17ヵ国展開
2001年	Optus	オーストラリア	100%	10百万人	
2001年	Telkomsel	インドネシア	35%	87百万人	

②特徴２：スタートアップ関連

　図表 3 - 5 のトップ 5 案件のうち#1のみであるので、M&A市場の特徴として結論づけるのは尚早ではあるが、象徴的な案件であること、および今後このような案件が増えてくることが予測されるため取り上げる。

　グラブはシンガポール本社で東南アジアに展開するスーパーアプリ企業である。米国のUberなどと同様のライドシェア事業が祖業であるが、四輪・二輪のライドシェアのほか、フードデリバリー、クイックコマース、配達、Eウォレット、金融事業など多岐にわたる。グラブは2021年に米ナスダック上場のSPAC（特別買収目的会社）との統合による上場を果たしており、そのスキームからM&A案件として記録されている。東南アジアのスタートアップは2012年頃から活発になってきたといわれており、その先駆者として2012年に創業したのがグラブである。初期から著名ベンチャーキャピタル（VC）からの資金調達に成功し、順

調に成長したうえで2021年に上場を果たしている。これは東南アジアスタートアップやVCにとって象徴的な事例であり、グラブに続くスタートアップが同じような成長の軌跡を目指している。

なお、東南アジアではインドネシア発のゴジェックという企業がグラブのライバル企業であり、東南アジア各国で競争している。ゴジェックはインドネシアのトコペディアというEコマース企業と経営統合し、2022年にインドネシア証券市場に上場している。これらライドシェアやEコマースは上場企業が増えてきているが、今後さらにフィンテックやヘルスケアなど、他のセクターでもスタートアップの上場が見込まれる。

③特徴3：GICによる大型海外買収への参画（参考）

3つ目の特徴は番外編であるが、シンガポール企業が、グローバルPEファンドによる大型買収に共同投資家の1社として含まれているケースである。特に巨額な買収案件の場合、資金負担を減らしリスクシェアする目的で、複数の投資家でコンソーシアムを組んで買収するケースがある。

ここで頻繁に名前が登場するのはGICである。GICはテマセク同様、シンガポール国家の資産を運用し、シンガポール版ソブリンウェルスファンドである（GICの組織概要については第4章4節②も参照）。GICが共同買収者として名を連ねた主なM&A案件は**図表3-7**のとおりである。GICは従来不動産やインフラ向け投資が多かったが、図表3-7の事例はいずれも米国の大手テクノロジー企業やファンドが投資先になっている。最近のGICの投資方針であるテクノロジーセクターやサステナビリティ分野への注力を反映している。

GICが単独で事業会社を買収することは稀であるが、欧米のトップPEファンドから共同投資家として声をかけられて案件に参画できる資金力と実行力は目を見張るものがある。

図表 3 − 7 ： GICが共同買収者となった主なM&A案件

#	公表日	対象会社	対象 会社国	買い手	取引金額 (USD MM)	詳細
1	2021/11/08	McAfee Corp.	米国	Investor Group	20,770.21	サイバーセキュリティ大手の McAfeeをGICを含む投資家グルー プが買収。GIC以外にはアブダビ 投資庁、PEファンドのPermiraなど
2	2018/01/30	Financial & Risk business, Thomson Reuters	米国	Investor group	17,000.00	トムソンロイターのFinancial & Risk BusinessをGICを含む投資家グ ループが買収。GIC以外にはブラッ クストーン、カナダ年金基金など
3	2021/11/22	athenahealth Inc.	米国	Investor group	17,000.00	ヘルスケアSaaSプレイヤーである athenahealthをHellman & Friedman、Bain CapitalなどのPE ファンドと共にGICが買収
4	2022/09/15	STORE Capital Corporation	米国	Investor Group	14,008.29	不動産REITのStore CapitalをPE ファンドのオークストリートキャ ピタルおよびGICが買収
5	2022/10/31	Climate Technologies Business of Emerson	米国	Investor group	14,000.00	エマソンエレクトリックの気候テ クノロジー部門をPEファンドのブ ラックストーンが買収。GICも買収 に参加

4 海外企業によるシンガポール企業買収（Out-In）

　海外企業によるシンガポール企業買収も毎年安定した件数が発生している。
2022年ではこのOut-Inが175件であり、In-Outの320件と比べると少なくなって
いるが、シンガポール国内M&Aに匹敵する件数となっている。日本企業の観点
では、シンガポール企業を買収する（ここでいうOut-In）ことがほとんどである
が、全体のマーケットを見るとむしろシンガポール企業が海外企業を買収する
ケース（Out-In）のほうが件数が多いことになる（**図表 3 − 8** 参照）。

図表 3-8：シンガポール企業買収の買い手国別内訳

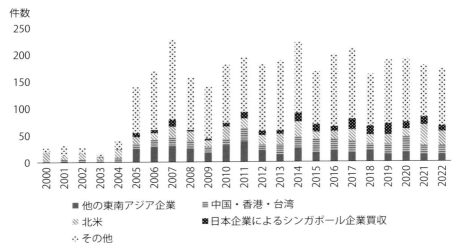

- 他の東南アジア企業
- 中国・香港・台湾
- 北米
- 日本企業によるシンガポール企業買収
- その他

図表 3-9：海外企業によるシンガポール企業M&A案件

#	公表日	対象会社	買い手企業	買い手国	取引金額（USD MM）	詳細
1	2017/07/14	Global Logistic Properties Pte. Ltd.	Hopu Investment Management, Hillhouse Capital Group, Vanke Group and Bank of China Group Investment	中国	20,438	グローバルに物流・倉庫事業を運営するGLPを中国のPEファンド連合が買収し非上場化。買収以前はGICが37%保有
2	2020/08/21	対象企業11社	Nippon Paint Holdings Co., Ltd.	日本	14,646	日本ペイントはシンガポールのウットラムグループから増資を受け、その資金でウットラムとの共同事業11社を買収
3	2015/12/07	Neptune Orient Lines Limited	CMA CGM S.A.	フランス	5,540	フランスの海運会社CMA CGMによる海運会社NOLの買収。買収以前はテマセクが67%保有
4	2021/08/04	ARA Asset Management Limited	ESR Cayman Limited	香港	5,010	香港のESRが不動産ファンドマネジャーであるARA Asset Managementを買収
5	2017/10/25	Equis Energy Pte. Ltd.	投資家グループ	米国	5,000	再生可能エネルギー開発ファンドであるEquis Energyを米国のGIPを中心とした投資家グループが買収

同様に、海外企業によるシンガポール企業買収にはどのような案件があるのだろうか。**図表3-9**がM&A案件トップ5のリストである。このリストから見い出される特徴は、次のとおりである。

①特徴1：テマセク、GICが売り手になるケース

　シンガポール企業が関連するM&Aで常に主役となっている両社であるが、売り手株主としてもM&A案件に名を連ねている。リスト内で、#1の物流企業のGLPの売却、#3港湾運営のNOLの売却は、テマセクあるいはGICが売り手となっている。また、リスト外でも両社が売り手になっているケースは多い。

　テマセクとGICは、特定の投資分野には積極的に新規投資をし、ときには国内業界再編を主導もするが、一方で海外企業に資産を売却してキャピタルゲインを得る現実的な運営を行っている。国家の資産を預かり、その富の蓄積を担う機関としてメリハリがついた運用をしている。

　テマセクおよびGICは、シンガポール国外でも同様に新規投資や売却を戦略的に行っている。例えば、2017年に日本の三菱UFJフィナンシャル・グループがインドネシア第5位（当時）のダナモン銀行を約1,700億円で取得（その後段階を経て完全子会社化）した際の売り手も、テマセク傘下の金融機関向け投資を専門とする投資会社であった。

②特徴2：東南アジア周辺国の大企業による買収

　図表3-9の買い手国所在地が分散していたように、トップ5M&A案件においても買い手国の所在地は分散している。トップ5においてはランク外であるが、マレーシアの最大手病院グループであるIHHによるシンガポール企業買収は、金額規模も30億ドル級であり目を引く案件である（なお、IHHは日本の三井物産が32.9％の株式を保有しており、三井物産の東南アジアヘルスケア戦略の中核企業）。マレーシアのほか、タイやインドネシアなどの主要国でも経済成長を背景に大手企業が育っており、今後シンガポール企業のM&A案件における買い手になることが増えることが予想される。

第 **4** 章

シンガポールM&A市場が活発な理由

1 シンガポールM&A市場が活発な３つの理由

前章では、シンガポールにおけるM&A案件の統計やそこからみられる市場のトレンドについて概観した。シンガポールは国内案件もクロスボーダー案件も件数が多く活発であるし、テマセクやGICのようなキープレイヤーも存在する。本章では、シンガポールでM&Aが活発な理由についてより深く考察を加える。

①理由１：経済発展を背景にしたM&Aの増加

M&A市場が成立する要件として、成熟した企業や産業があること、株式市場が整備されていること、法制度が整備されていることなどがある。また、経済成長している国では、多くの企業がビジネスチャンスを求めて参入してくるため、M&A市場を活性化させる要因となる。1965年にマレーシアから独立して建国されて以来、高い経済成長を達成してきたシンガポールは、M&Aにおいても魅力的な市場といえる。

シンガポールだけでなく、東南アジアやアジア大洋州の成長を取り込むための拠点としてのシンガポールの戦略的な重要性は前述のとおりである。シンガポール市場の後ろにあるアジア市場の可能性にも言及する。

②理由２：シンガポール政府の各種施策によるM&Aへの影響

シンガポール政府による政策の多くも、M&Aへのプラスの影響を与えている。シンガポールがアジアの金融センターとしての地位を獲得した背景や、その支えとなっている政策・人材育成などについて触れる。

③理由３：アクティブな投資家・M&A関連プレイヤー

ここまで度々登場しているテマセク、GICについての追加情報のほか、これら以外にもアクティブな投資家や関連するプレイヤーについて触れる。

2 経済発展を背景にしたM&Aの増加

シンガポール経済を歴史を含めて理解するため、建国から現在までのシンガ

ポールの経済を概観する。

　シンガポールおよび東南アジアは高いGDP成長率を維持している印象があるが、実際はそれが真実でありつつも、さまざまな外的要因に影響を受けてきていることがわかる。マレーシアから独立し、シンガポールが建国された1965年以降のGDP成長率推移をグラフにすると**図表4-1**のようになる。基本的には高い成長率を維持しているが、いくつかの時点でゼロ近くやマイナスに落ち込んでいるタイミングがあることがわかる。

図表4-1：シンガポールの実質GDP成長率（年率、1965-2021）

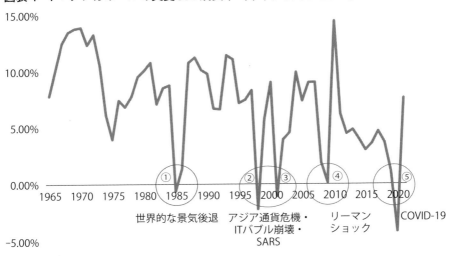

出所：世界銀行統計

①1985年：米ドルの高騰や石油価格の下落

　世界的な景気後退が起きた年であった。特にシンガポールにとっては、それまで低賃金労働者を活用した製造業へ注力してきたため、世界的な需要減退の影響を直接的に受け、輸出が減りマイナス成長となった年でもあった。この経験を踏まえ、シンガポール政府は製造業だけでなく、サービス業や金融サービスにも注力し経済を多角化するという政策転換のきっかけになった年とされている。

②1997年から2003年：アジア通貨危機とITバブル崩壊

　ASEANの他国に比べて影響は小さかったものの、1997年にタイから始まったアジア通貨危機はシンガポールにも影響を与えており、この期間はマイナス成長となっている。また、通貨危機後の経済回復途上において間もなく、2001年のITバブル崩壊の影響を受けた。

③SARS（重症急性呼吸器症候群）の影響

　2002年頃からSARSが中国南部から世界的に広まったことにより、東南アジアにおいても観光業などを中心に打撃を受け、2003年頃までは低成長が続いていた。シンガポールでは観光客やビジネス訪問客が激減し、国内での移動制限や学校閉鎖などが行われていたために、低成長を余儀なくされた。

④2008年から2009年：リーマンブラザーズの破綻

　これが引き金となって起きた世界的な金融危機（リーマンショック）により、シンガポールも金融機能だけでなく、貿易減少などの影響を受け、2009年の成長率は0.13％まで落ち込んだ。しかし、その後シンガポール政府は景気刺激策などを打ち出し、翌2010年には成長率が14％超となる急回復ぶりであった。

⑤2020年：新型コロナ（COVID-19）

　新型コロナの影響により、2020年の経済成長はマイナス４％と、19年ぶりのマイナス成長となった。2021年財政出動などの影響により経済は回復し、7.6％成長を実現した。

　余談となるが、2020年に新型コロナの流行がシンガポールで始まった際、シンガポール政府で当時SARSに対応した人たちは、当初はSARSと同様の行動制限やジム・プールの閉鎖などを予測していた。実際には新型コロナの本格的な対策が始まると、外出禁止のロックダウンや飲食店の強制的な閉鎖など、SARS時よりも強力な封じ込め対応がなされた。ロックダウン期間中のシンガポールでは、規制を破ると罰せられるだけでなく、外国人にとっては居住ビザがはく奪されるリスクもあり、文字どおりの厳格なロックダウンであった。

　グローバル経済から大きく影響を受けてきた中でも、総じて高い経済成長を実

現しているのがシンガポールである。この経済成長を背景に、企業活動が活発であり、多くの企業にとって魅力的な市場となっている。

3 シンガポール政府の各種施策によるM&Aへの影響

(1) アジアの金融センターとしてのシンガポール

　シンガポールはアジアの金融センターとしての地位を確立している。グローバルにはニューヨークとロンドンがあげられるが、アジアでは東京、香港と並んでシンガポールが金融センターとしての地位を確立している。シンガポール政府も金融セクターを重要な1つのセクターとして位置づけており、2025年までに年間4～5％の成長と、毎年3,000から4,000人の雇用創出を目指し、そのためにいろいろな政策を実行している。具体的には、金融インフラのデジタル化や域内の他国との送金ネットワークの拡大、Web3などの新しいフィンテック分野の支援などの取組み、自国内での金融専門人材育成、外国人の専門家の積極的な招へいなどである。

　例えば、2020年にシンガポールはVCC（変動資本会社）と呼ばれる制度を導入している。これは、ベンチャーキャピタルやPEファンドなどファンドマネジャーがファンド運営をするに際して、従来型のファンドと同じ機能・ガバナンスを株式会社形態で行えるものであり、より機動的な運用が可能になる制度である。このような先進的な取組みを続けていくことで、シンガポールは金融ハブとしての地位を維持、向上していくことに余念がない。

　これら取組みの結果、M&Aにも関連し、人材や資金調達市場がインフラとして整備されているのがシンガポールである。

(2) M&Aに関連する税制

　シンガポールの税制も、活発な経済活動やM&A活動を支えている1つの要因である。法人税率は17％とかなり低く、シンガポール企業の商品やサービスの国外輸出を促進するための出張費や展示会にかかる支出について、支出額の200％を損金算入できる制度も存在する。また、個人所得税も2023年現在で最高税率が22％であり、世界から人材を惹きつける魅力となっている。

　また、保有する企業の株式を売却した際のキャピタルゲイン課税はゼロである。

57

特に域内のスタートアップ企業は、東南アジアのみならず、グローバルな投資家から資金調達し、将来的なIPOやM&Aでの売却をもくろむ中で、シンガポールに本社を置いて資金調達することが税制面において自然な選択肢となる。マレーシアやインドネシアで事業を行うスタートアップもシンガポールに本社を置いて資金調達している例が多く、シンガポールへの本社移転もよく見られる動きである。

中小規模のM&Aが対象になるが、M&Aを促進する税制も存在する。1つはM&A控除と呼ばれるもので、5年間で1,000万Sドルを上限に、M&Aの買収価格の25％を償却費に計上できるというものである。シンガポールの会計基準においては、のれんの償却はできないため、この制度により税負担を減らすことが可能になる。また、同様に取得にかかる取引コストの200％を上限10万Sドルで損金算入できる制度も存在する。いずれも2010年にできた制度であり、条件が変更されつつ継続されてきているが、2023年時点では、2025年12月31日までの買収案件を対象に延長することが公表されている。

（3）外資にオープンなビジネス環境

東南アジアでは、各国特有の外資規制や通貨規制などが多い。例えば、フィリピン、ベトナム、インドネシア、マレーシアなどは海外企業による投資に対する規制があり、外資企業が投資できるセクターが制約を受けることはよく知られているとおりである。なお、インドネシアはいわゆるネガティブリストという外資企業の投資を制約する業種セクターのリストが長らく投資の制約になっていたが、2021年に大幅に改正され、かなりの分野で開放が進んでいる。

一方、シンガポールにおいてはそのような外資規制は存在せず、実質すべてのセクターにおいて投資が可能である。一部外資の参入が規制されているのは、メディア、新聞、法律サービスなどに限られ、その他銀行サービス、会計サービス、建設、エンジニアリングなどはライセンス・登録が必要なものの、外資にも開放されている。会社設立においても、実質規制はなく、外資企業、外国人でも非常に簡単に事業を開始できる。英語ですべて完結するのも、他国と比べた強みであろう。

シンガポールは歴史的に外資に対してオープンな政策をとってきており、その結果がビジネス環境として実を結んでいる。他の東南アジア諸国と比較して資源がないことや、そもそも市場が小さいことから、市場を守るよりも解放したほう

が発展に寄与するという建国時の指導者リー・クワンユーの時代から続く方針によるものである。テマセク、GICなどの政府系投資家が株式を保有する企業が、シンガポール経済において軒並み重要な立場を有し、国営企業とも呼べる存在である。しかし、これら企業は独立してプロフェッショナルに経営され、傘下に上場企業も多い。これら企業が政府系企業として非効率な経営を行っておらず、むしろテマセクを通じて国家財政にプラスをもたらしていることがシンガポールの強みといえる。

（4）政治の安定性

　政治的な議論は本書の主題ではないが、シンガポールの政治体制は、表向きは民主主義であるとされており、選挙も行われる。ところが、実態としては野党が政権を取ることはかなり困難な仕組みになっており、与党の人民行動党（PAP: People's Action Party）が独裁に近い強固な体制を築いている。

　この現状に対し、西側諸国の視点で言論の自由が制限されているなどの批判は常に存在する。一方で、ビジネス上は問題視されておらず、むしろビジネスがやりやすい国として世界銀行のDoing Businessでも世界で２位にランキングされている。国内政治において、PAPが93議席のうち83議席を占めており、2022年の選挙で議席を減らしたもののまだ圧倒的多数を占めており、特に政治に対して国民の不満が鬱積しているとはいえない状態である。

　これはシンガポール政府が上手に経済政策のかじ取りを行ってきた結果、毎年経済が成長し、人々の生活向上も継続的に達成できているからこそであろう。2023年には消費税率が７％から８％に１％上げられたが、これも長い時間をかけて慎重に実行されており、今のところ経済や政治にマイナスの影響はなさそうである。

　今後も経済成長を継続していくことが、シンガポールの政治の安定に重要である。１人当たりGDPが日本を上回る７万USドル（**図表４-２**参照）を超える裕福な国になったいま、継続的な経済成長の達成のハードルが年々高くなるだろう。今後シンガポールがどのように経済成長を維持しながら、政治体制も維持していくか、非常に興味深いところである。

図表4-2：シンガポールの1人当たりGDPの推移（1965-2021）

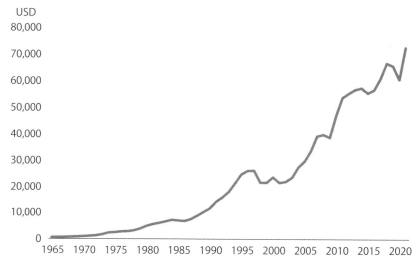

出所：世界銀行統計

4 アクティブな投資家・M&Aに関連するプレイヤー

　以下のプレイヤーは、シンガポールM&A市場においてアクティブな投資家あるいはM&Aに関連するプレイヤーである。ここまで何度も名前が出てきているテマセク、GICも含めて、その詳細を改めて記載しているので参考にしてもらいたい。特にシンガポール政府系のプレイヤーをピックアップしている。

①テマセクホールディングス

　テマセクホールディングスは1974年に設立されたシンガポール財務省傘下のファンドである。2023年3月末において、その運用資産は38兆2,000億Sドルと巨大であり、その投資先はシンガポール含めグローバルであり、セクターも輸送・インダストリアル、金融サービス、TMT、コンシューマー、不動産、ライフサイエンスなど多岐にわたる。テマセクの資金源は投資先からの収益を主なものとし、それ以外にも財務省からの出資、独自に発行する債券や借入れなどで調達している。出資先への出資比率もさまざまであり、シンガポールの戦略的セク

ターであればマジョリティや100％テマセクが保有するケースもあるし、上場企業であれば数％のケースも多い。2004年から2021年まで現首相のリー・シェンロン首相の奥さんであるホー・チンがCEOを務めていた。

シンガポールにおいては、シンガポール航空、公共交通のSMRT、STエンジニアリング、DBS銀行、シンガポールテレコム、不動産のキャピタランド、コモディティのオラムなどはいずれもテマセク傘下の企業である。

テマセクは事業会社への直接投資のほか、いわゆるファンドオブファンズという他のファンド向けの投資も行っており、シンガポールの有力ベンチャーキャピタルやPEファンドにも出資している。

②GIC（シンガポール政府投資公社）

GICはシンガポール政府の外貨準備高を運用する政府100％保有のファンドである。GICがファンドマネジャーとして政府のお金（金融監督当局とテマセクの政府保有株を除く）のほとんどを運用しており、GICの投資運用収益はシンガポール政府の歳入となる。なお、シンガポールの年金基金であるCPFはシンガポール政府が発行するSSGSと呼ばれる債券を運用先にしており、同債券の運用は一部GICが行っている。

GICは不動産やインフラへの投資が多く、日本にもオフィスを置いて投資しており、全体のポートフォリオのうち7％を日本に投資している。

③パビリオンキャピタル

シンガポールベースのPEファンドであるパビリオンキャピタルは、2016年にテマセク傘下のファンドとして設立された。パビリオンが公表している情報は限られているが、テマセクと比較してよりアーリーなテクノロジー企業へ出資していることが多い。また、テマセク同様にファンドオブファンズとしての出資も積極的に行っている。最近ではESG関連の投資に積極的である。

投資先は日本を含めたグローバルが対象であり、2020年には約1,000億円の日本向けファンドを設立している。これまで日本ではネットプロテクションズ、アタマプラス、Moon-Xなどに出資している。

④EDBI

EDBはシンガポール貿易産業省傘下で、外国企業の誘致、国内企業の成長支援、新産業分野の開拓、グローバルなビジネスハブとしてのシンガポールの地位強化などを担当している公的機関である。その傘下にあるEDBIは、EDBのそういった取組みを実現するための投資アームである。

EDBIはスタートアップ向け投資に積極的であり、シリーズBからIPO前までのラウンドに出資する。セクターとしては、ヘルスケア、ディープテック、ICTの３分野に注力している。EDBIの投資先企業はシンガポールに拠点を設立し、雇用を生むことを求められ、EDBIもその実行をさまざまな面でサポートしてくれる。

⑤Vertex Holdings

テマセク系のベンチャーキャピタルであるバーテックスは、シンガポールでも有数の投資家である。アーリーステージを中心に６つのファンドを運営しており、東南アジア・インド向けファンドのほかにも、イスラエル、中国、米国、ヘルスケアなどにフォーカスしている。日本政策投資銀行、丸紅などの日本企業も資金を投じており、機関投資家から集めた資金を運用している。最近は日本も投資先として注目しており、先述のイセ食品のシンガポールでの鶏卵生産事業以外にも、日本のAIスタートアップに投資している。

⑥Enterprise Singapore

Enterprise Singaporeは2018年にIEとSPRINGがが統合して誕生した機関で、シンガポール企業のビジネス拡大、海外進出支援の戦略的支援をする政府の組織である。シンガポールの中小企業やスタートアップに対して各種の支援を行っている。

その投資アームとして、SEEDS Capitalという機関があり、シンガポールのスタートアップに投資をしている。投資においては、民間企業の投資の呼び水となるべく、単独の投資は行っておらず、通常のテクノロジー企業であれば200万Sドルを上限に民間投資家と共同で投資を行っている。

おわりに

　本書の執筆を開始した2023年9月時点では、FRBによる年内もう一度の利上げが予想され、円安が149円まで進行する中で、グローバルな金融投資家は新規投資に慎重な姿勢を見せ、不確実性の高い投資環境といえた。しかし、そのような環境においても、投資先を求めて海外M&A案件を積極的に探す日本企業の姿があった。今後も投資環境は目まぐるしく変化するだろうが、金融投資家が慎重なときはバリュエーションもリーズナブルになるため、日本企業が海外M&Aを行う絶好のチャンスであると信じている。また、米中の溝が深まる中で、相対的に東南アジアを含むアジア大洋州の重要性が増している。少なくとも向こう数年間はシンガポールを含む東南アジアにおけるM&Aは増えていくだろう。個人的には非常にエキサイティングなタイミングと感じている。

　本書は、筆者の前職であるGCA（日本発の独立系アドバイザリーファーム）の大先輩であり現PwCの福谷氏から執筆の機会をいただいたことによる。執筆経験の浅い筆者に忍耐強くお付き合いいただくとともに、ご指導いただき感謝している。福谷氏はじめ、元GCAのメンバーには引き続きお世話になっており、良いM&Aアドバイザーを目指す仲間として日々刺激をもらっている。僭越ながらも筆者がこのような機会をいただけたことに感謝しつつ、目の前の案件に追われている中で、自分の仕事を振り返り、客観的・体系的に捉える良い機会であったと思っている。

　FA業界においての従来の花形キャリアはメガディールが多い日本市場であり、欧米市場であるが、今後の経済発展や日本企業にとっての重要性において、シンガポールおよび東南アジア市場に注目すべきである。そのような市場でFAとしてM&A案件のサポートができることは非常に幸運であるし、日本企業にとって本当に必要な役割であると信じている。これからもシンガポール・東南アジアと日本の間のM&A案件に寄与していきたい思いを新たにした次第である。

◇著者紹介◇

安井 健（やすい けん）

Asia Business Creation Pte Ltd代表

シンガポール在住。株式会社国際協力銀行を経て2013年GCA（現フーリハン・ローキー株式会社）に入社し、主にクロスボーダーのM&Aアドバイザリー業務に従事。2015年からはGCAシンガポールに在籍し、日本と東南アジア間のM&Aに特化。

2021年にシンガポールでAsia Business Creation Pte Ltdを設立し、日本と東南アジア間のM&Aのほか、スタートアップによる資金調達、日本企業の事業開発などを支援。

M&A Booklet

Cross Border　**海外M&Aの実務—シンガポール**

2024年10月25日　第1版第1刷発行

著　者	安　井	健
発行者	山　本	継
発行所	㈱中央経済社	
発売元	㈱中央経済グループ パブリッシング	

〒101-0051　東京都千代田区神田神保町1-35
電話　03 (3293) 3371 (編集代表)
　　　03 (3293) 3381 (営業代表)
https://www.chuokeizai.co.jp
印刷・製本　文唱堂印刷㈱

© 2024
Printed in Japan

＊頁の「欠落」や「順序違い」などがありましたらお取り替えいたしますので発売元までご送付ください。（送料小社負担）
ISBN978-4-502-50581-2　C3334

JCOPY〈出版者著作権管理機構委託出版物〉本書を無断で複写複製（コピー）することは，著作権法上の例外を除き，禁じられています。本書をコピーされる場合は事前に出版者著作権管理機構（JCOPY）の許諾を受けてください。
　JCOPY〈https://www.jcopy.or.jp　eメール：info@jcopy.or.jp〉